児童文化の中に見られる言語表現

三宅光一 編著

大学教育出版

はじめに

　冒頭に当たって、本書の題名にもつながってくる「児童文化」と言葉との関わりについて若干、思いを新たにしておきたい。「児童文化」と言えば、これと並んで紛らわしい言葉に、「児童文学」という用語がある。これに関しては、その作品自体は大人が書くものだという考え方は、ほぼ誰もが認めるところである。たとえその読者対象が子どもであっても、子どもはやはり作家にはなり得ないのだ。子ども時代の豊田正子は、自らの生活記録を綴った『綴り方教室』という秀作を創作した。しかし、これは到底「児童文学」とはなり得ない、「児童文化」の部類に入れられるべきものだというのである。

　「児童文学」とは反対に「児童文化」は、あくまでも子どもが主体となって形成するものである。その成立の前提には、子どもの存在と価値を十分に認める発想がなければならない。日本には、そうした発想が古くから根づいていた。この用語の造語も、子どもの文化を統合的に把握するといった考え方から、日本独自に着想されたものである。それだけ豊かな子どもの活動が、昔から行われていたことを裏打ちするものでもある。江戸幕末期から明治維新後にかけて訪れた欧米人が、日本の子どもたちの生き生きとした遊びやその多様な遊び道具を目撃した。そして大人たちが、社会全体でまるごと子どもを尊重している風潮を目撃して、日本は「子どもの天国」であるというパークスの名言をその都度実感した。このような事実を指摘すれば、現代の日本人は即座に否定する。当時の欧米人は日本のことを局部的にしか見ていなかった、日本社会の真相を誤解したのではないかと反論したがる。現代社会の悲惨な状況しか知らない日本人は、ないしは本能的に日本否定を繰り返す日本人は、児童虐待や子育て放棄などに連想が働き、かつての子どもに対する大人の意識すら想像できなくなっている。幼児を慈しまない日本人の存在は、つい30年前まで想像さえ困難であった。幼児虐待などは、はるか海の彼方にある米国社会からの情報だった。わが国の原点に立ち戻るべきであろう。

「児童文化」の用語自体の初出は、1922（大正11）年のことである。峰地光重が『文化中心新綴方教授法』の中で「児童の文化は児童自身の創造するところである」とした。つまり、子どもが日常生活の中で、自ら作り出す綴り方（作文）、絵画、詩歌などを総称して、「児童文化」と名づけた。次いで重要な動きは、「児童から」「子どもに即して」という童心主義をスローガンとする新教育運動である。雑誌『赤い鳥』を通して山本鼎（自由画教育運動）や鈴木三重吉（生活綴り方運動）、北原白秋（詩作運動）などが、子どもの創作意欲を刺激し、活動を推進させるために、子どもへの実践指導を展開した。その過程で児童文化の概念内容を充実させていった。それと同時に、児童雑誌『赤い鳥』から生まれてきた芥川龍之介や北原白秋、西條八十などの芸術性の香り高い文学作品や童謡も、「児童文化」に含められた。この「赤い鳥」運動の精神は、昭和30年代まで生き続けて、日本の子どもたちに多大な影響を及ぼした。

　1960年代後半になると、「児童文化」は再度子どもの主体的な文化という側面が強調された。それは「子どもの生活に密着した文化」と見なされたので、普段の遊びも「児童文化」の一種と考えられた。例えば、伝承的な室内遊び：おはじき、お手玉、影絵、双六、カルタ遊び。伝承的な軒あそび（広い縁側から軒下に、また庭へとつながる遊び場）：まりつき、羽子板など。伝承的な戸外遊び：鬼ごっこ、隠れん坊、かごめかごめ、カンけり、石けり、砂取り合戦、竹馬、縄跳び、凧揚げ、川遊び、木登りなど。こうした子どもたちの間で行われる主体的な遊びも、社会においてその確固とした評価を確立した。注意すべきは、大人が「児童文化」についてあれこれ詮索するかたわらで、それとは無関係に、子どもたちは日々、相変わらず自分たちの遊びに熱中しているといった事実である。もっとも、それは大人が与える文化財、つまり絵本、物語作品、テレビ、出来合いのプラモデル、積み木など大人が製作する道具を排除するものではない。また同じく集団を相手として作られた文化財、パネルシアター、エプロンシアター、棒人形なども子どもたちの遊び心を掻き立てるものである。その他には、児童文化の施設としては、児童館や児童公園がある。こうした文化財を有効に子どもたちに提供することは、意義のあることである。

　さらに現在は、児童文化の第三の側面として保育者が、子どもとの相互やり

取りの中で作り上げていくものがある。「言語表現」は、まさにここに深く関与するのである。平成20年3月28日の改訂版『幼稚園教育要領』（文部科学省の所管）では、園終了時点で達成すべき発達の5領域として「健康」「人間関係」「環境」「言葉」「表現」の領域を規定する。そのうち、言葉に関する領域では「経験したことや考えたことなどを自分なりの言葉で表現し、相手の話す言葉を聞こうとする意欲や態度を育て、言葉に対する感覚や言葉で表現する力を養う」ことが提起されている。一方、『保育所保育指針』は同じ年の4月に厚生労働省から出されたが、内容はほとんど『幼稚園教育要領』のものと変わらない。実現可能かどうかは現在不明であるが、幼保一体化といった考え方から導き出されたものと思われる。こうした情勢下にあって、文部科学省と厚生労働省とで互いに指針の擦り合わせが行われたのであろう。その背景からは、単なる「言語」から「言葉」への変更、つまりは幅広く捉えた「言語表現」への大きな変化がうかがえる。子ども自身が言語を獲得していく過程を尊重すること、また生活の中で生きた言葉を育てて、実用的な観点からそれを自ら表現できることが最終目標となる。そのことは裏返せば、子どもたち全般に言えることだが、人と人が交わるコミュニケーション能力の低下、言葉を通じて自分の考えを深める姿勢の弱体化に対して、危機意識を覚えていることの表れである。言葉に係わる経験を重要視し、それとの関連で感性や情緒、身体の領域と一体となって、子どもの「言語表現」の実践的な向上を図っていく。その目的達成には、どうしても幼稚園の先生と保育士が大きく前面に出て行かざるを得ないのである。

平成26年盛夏

三宅　光一

児童文化の中に見られる言語表現

目 次

はじめに ……………………………………………………………… 1

第1章　胎児ないしは乳幼児の成長と言語機能 ……………… 11
 1．胎児の聴力　*11*
 2．親子のコミュニケーションと言葉　*12*
 3．言葉の発達　*13*
 4．言葉と身体の関係　*15*

第2章　乳幼児への言葉かけ …………………………………… 19
 1．歌いかけの意味　*19*
 2．乳幼児によく歌いかけられる歌　*22*
  (1)『江戸の子守唄』(古謡)　*23*
  (2)『揺籠の歌』(作詞：北原白秋　作曲：草川信)　*24*
  (3)『げんこつ山の狸さん』(わらべ歌)　*27*
 3．日本の子守唄　*28*

第3章　手遊び歌 ………………………………………………… 36
 1．手遊び歌とは　*37*
 2．手遊び歌の歴史　*38*
 3．保育における手遊び歌　*39*
 4．手遊び歌の具体例 ─ 授業における展開 ─　*42*

第4章　音楽活動時における保育者の言葉 …………………… 62
 1．はじめに：「音楽技能」≠「教育技術」　*62*
 2．音楽活動時における保育者の言葉　*63*
  (1) 呼びかけ・応答　*63*

(2) 指　示　*64*

　　(3) 説　明　*64*

　　(4) 発　問　*65*

　　(5) 先歌い　*65*

　3.「ＡさせたいならＢと言え」　*66*

　　(1) リコーダーの指導　*66*

　　(2) 合唱の呼吸法の指導　*68*

　4. 保育における音楽活動の事例　*69*

　　(1)「音はどこから変わっているかな？」——震源地ゲーム　*69*

　　(2)「鏡になってみよう」——なべなべそこぬけ　*70*

　　(3)「スローモーションになってみよう」——宝さがしゲーム　*72*

　　(4)「どうやったら音がしないかな？」——新聞紙回し　*73*

　5. なぜ間接的指導言がわかりやすいのか　*74*

　6. おわりに：言葉を変えれば子どもが変わる、保育者が変わる　*76*

第5章　日本語表現を童謡の中に探る …………………… *78*

　1. わらべ唄から小学唱歌、童謡への流れ　*78*

　2. 各童謡の歌詞によるジャンル分け　*82*

　3. 童謡の個別例の分析と解説　*85*

第6章　児童劇をつくろう ……………………………… *106*

　1. そのねらい　*106*

　2. 初期段階　*106*

　3. 中間段階　*107*

　4. 上演前の最終仕上げ　*111*

第7章 先生と園児、あるいは園児同士などのコミュニケーション……… 113

1. コミュニケーションと子ども　*113*
2. 言葉の獲得過程における段階　*114*
3. 子どもの言葉に対する重要な視点　*119*
   - (1) 子どもの遊びの中の言葉　*119*
   - (2) 言葉の交換機能　*120*
   - (3) 言霊への意識　*121*
   - (4) 発話者への効果　*122*
   - (5) 非言語的（non-verbal）表現　*122*
   - (6) 会話の装い　*123*
   - (7) 語りの環境を整える　*123*
4. 会話の現場観察での留意点　*125*

第8章 日本語の要点 ……… *127*

1. 名　詞　*127*
2. 助　詞　*128*
3. 接続詞　*130*
4. 擬態語・擬音語（オノマトペ）　*132*
5. 敬　語　*134*
6. 句読法と符号　*136*
   - (1) 句読点　*137*
   - (2) かっこ　*138*
   - (3) 符　号　*138*
7. その他の注意事項　*139*

第9章　子どもの日常活動と言葉遊び ……………………… *140*

　1. 子どもの日常の言語活動　*140*
　2. 保育者の主導による言葉遊び　*148*

あとがき ……………………………………………………… *155*

第1章
胎児ないしは乳幼児の成長と言語機能

1. 胎児の聴力

　母親の胎内にいる時期の子どもを胎児という。胎児は在胎20週には内耳が完成し、26週頃からは音に対して心拍数や胎動が変化することが分かっている。つまり、赤ちゃんは、母親の胎内にいるときから、耳が聴こえているのである。さらに、34週頃からは音を記憶していることも明らかにされている。
　たとえば、これまでの研究では、生後数日しか経っていない赤ちゃんでも、母親の声と他の女性の声、母国語と外国語とを聴き分けることができ、それぞれ母親の声、母国語を好んで聴きたがることが確認されている。このことは、赤ちゃんが母親の胎内にいるときから外の世界の音を聴いており、それを記憶していることを意味している。ただし、胎児は羊水という水の中に浮かんで生活しているため、その耳の中も羊水で満たされているし、子宮の壁を通して伝わってきた音を聴いているので、はっきりとした音を聴くことはできない。プールやお風呂の中に潜ったことのある人ならば、その音の聴こえにくさが想像できるだろう。そのため、赤ちゃんが記憶している母親の声は、質的な特徴というよりは、話し方のリズムやパターン、イントネーションの特徴だろうと考えられている。いずれにしても、こうして胎内にいるときから外の音を聴き、記憶して生まれてくることが、その後、言葉を学習する上で有利に働くことは間違いないだろう。

2. 親子のコミュニケーションと言葉

　赤ちゃんが胎内にいた時から、母親の話し声や外の世界の音声を聴いていたことは先に述べたとおりである。

　世界中のどのような文化を持った国においても、養育者が乳児に向けて話す場面では、その話し声にはピッチ（音の高さ）が高い、ピッチの変化の幅が広い、抑揚パターンが単純、強さの変化が大きい、テンポがゆったりとしている、リズムパターンには繰り返しが多いなどの特徴が現れる。こうした話し声は、マザリーズと呼ばれる。大人同士の話し声と比べてマザリーズは音楽的な特徴がある。

　実際に、乳児は、大人に向けられた声や一人で話している声よりも、乳児に向けられた声に対してより強い関心を示すこと、感情を込めない話し声よりも、ポジティブな感情（楽しい、嬉しいなど）を込めた話し声の方をより好むことが報告されている。また、胎内にいる際の音楽経験に関係なく、生まれつき美しい音楽（協和音の音楽）を好むことも分かっている。このように，乳児が親の音楽的でポジティブな話し声に敏感に反応することで、親子間のコミュニケーションが促進されるのである。

　親子のコミュニケーションにおいて、働きかけを行うのは大人だけではない。生後間もない赤ちゃんであっても、自ら大人に対し働きかける能力を持っている。その一つが、新生児模倣あるいは共鳴動作と呼ばれる行動である。メルツォフとムーアは、生まれて数十分から数時間しか経っていない赤ちゃんの目の前で、大人が舌を出したり口の開閉を行って見せると、赤ちゃんがその模倣をすることを報告している。さらにフィールドらは、大人の喜び、悲しみ、驚きという表情も弁別して真似ることも示した。表情を真似することはあっても、この時期の赤ちゃんはまだ大人の表情の意味を理解しているわけではない。しかし、2者間のコミュニケーションにおいて、一方がもう一方と同じ表情をすることは、特に語り手側の働きかけを促進する役割がある。自分が友人に話をしている場面を想像してみて欲しい。友人が無表情で聞いている場合

と、自分の話の内容に合わせて笑ったり悲しんだりしながら聞いている場合、どちらの方が話しやすいと感じるだろうか。

　同じく新生児期には、大人が笑いかけなくても、赤ちゃんが勝手に微笑する様子が見られる。これを自発的微笑という。赤ちゃんがウトウト眠っている時に、誰に反応し誰に向けるわけでもなく、にっこりと微笑むその表情は、幸せそうでかわいらしく、思わず大人の心を赤ちゃんへと向けさせる。自発的微笑もまた、親子の心のつながりを深め、コミュニケーションを促す上で役割を果たしているといえよう。なお、赤ちゃんが他の人からの働きかけに対して微笑するようになるのは3か月前後からで、こちらは社会的微笑と呼ばれる。赤ちゃんの社会的微笑は、人間の顔、大人の顔、人間の声に対してより頻繁に見られることが分かっている。

　もう1つ、赤ちゃんが0歳代の頃、親子のコミュニケーションの際に見られるのが同調行動（エントレインメント）である。親が話しかけると、赤ちゃんは手足をバタバタさせたり声を出したりする。親は、子どものそうした反応に嬉しくなって、さらに声をかけたり抱き上げたりして働きかける。このやりとりを繰り返すうち、親の話しかけと赤ちゃんの身体を動かすタイミングが次第に同調していくのである。

　コミュニケーションは、どちらか一方からの働きかけのみでは成立しない。そこにいる者同士が互いに意志や感情を伝えあってこそ成り立つものである。生後1年未満の子どもはほとんど言葉をもたないが、言葉がなくとも身体の動きや表情で親子間のコミュニケーションは成り立つということ、それが幸せと愛情に満ちたものであることをお分かりいただけただろう。

3. 言葉の発達

　赤ちゃんの言葉はどのように発達するのだろう。新生児期（生後1か月間を指す）の赤ちゃんは、「オギャーオギャー」という泣き声がほとんどである。それが、2か月を過ぎると喉の奥をクークーと鳴らすクーイング（ハトの鳴き声に似ていることに由来）、ゴロゴロと喉を鳴らすようなガーガリング（うが

いのような音）が現れるようになる。4〜6か月頃には、言語に近い音声をつくることが可能になる。「アーアー」「ウーウー」といった母音を繰り返す音（過渡的喃語）のほか、「キーキー」「キャー」といった金切り声、うなり声、「ブーブー」と唇を震わせて鳴らす音などさまざまな音を楽しむかのように声を出すので、この時期は「声遊びの時期」とも呼ばれる。

　6〜8か月頃になると、「バ，バ，バ」「マ，マ，マ」といった子音と母音を組み合わせた音節（規準喃語）をリズミカルに繰り返すようになる。この規準喃語は、世界中どのような言語を話す国の赤ちゃんにおいても同じ時期、同じような音で現れることが分かっている。また、生まれつき高度の難聴の子どもにも、時期の遅れや音の種類の少なさはあっても現れること、しかし次第に減少していくことが確認されている。このことから、人間は時期が来れば規準喃語が現れるような仕組みをもって生まれてくるが、それがコミュニケーション手段としての言葉に変化していくためには、周囲にいる養育者が、それに言葉で反応を繰り返すことが必要であると考えられる。

　養育者からの働きかけを受けるなかで、8〜12か月頃になると、明らかにコミュニケーションの意図を感じさせる喃語が現れてくる。イントネーションやリズムが母国語にそっくりになってきて、まるで赤ちゃんがおしゃべりしているような発声も聞かれる。これを訳の分からない言葉という意味でジャーゴンと呼ぶ。

　そして、1歳前後には、初めての言葉、すなわち初語を発する。初語とは、赤ちゃんが初めて発話できるようになった意味を持った言葉のことであるが、はっきりとしたものではなく、多くの場合は、何となく赤ちゃんが「マンマ」と言った際、親が「あ、ご飯が食べたいのね」あるいは「私のことを呼んだのね」などと解釈することで、それが初語と認識される。したがって、初語として報告される言葉は「ママ」「パパ」「ブーブー」といった喃語に近いものが多い。それからゆるやかに子どもの話す言葉は増えていくが、単語を単独に話すのみで、ひと続きの文章で話すことはない。これを一語文と呼ぶ。なぜ一単語なのに文という呼び方をするのかというと、たとえば、赤ちゃんが「ブーブー」と言ったとき、その言葉には「ブーブー走ってる」とか「ブーブー取っ

て」とか「ブーブー欲しいな」とかさまざまな赤ちゃんの気持ちが込められている可能性があり、一つの文と同じ機能をもつためである。よって、赤ちゃんの一語文を聞いた周囲の大人は，「ブーブー走ってるね」「ブーブー欲しいのね」などと、そのときの状況から判断し、その解釈を言葉にして子どもに伝えるとよい。そのやりとりを繰り返しながら、次に子どもは単語を組み合わせて文を作れるようになっていくのである。

　1歳半を過ぎて言葉が50語くらいになった頃、急激に言葉が増える時期がある。それをボキャブラリー・スパート（語彙の爆発）という。この時期、子どもは物に名前があることに気付き、大人に対し「これナニ？」「あれナニ？」と質問を繰り返すようになる。例えば、スーパーの駐車場に並ぶ車を一つ一つ「これ何？」と質問しては、母親がそのたびに「自動車」と繰り返し、スーパーの中に入る頃には母親はヘトヘトになっている、といった場面が見られたりもする。大人からすれば少々面倒であるが、子どもにとっては、言葉を発見した喜びと親とのやりとりを楽しむ行為なのだろう。そして、それらの言葉を結び付けて、「マンマ，食べる」「ブーブー，あった」などの二語文が出るようになり、2歳を過ぎる頃には、3語以上の多語文で話ができるようになる。通常、4歳頃までには日常生活に困らないくらいの会話ができるようになるとされる。

4. 言葉と身体の関係

　言葉の発達は、身体の発達とも関係がある。そもそも、地球上の動物の中で唯一人間が言葉を話せるのは、二足直立歩行ができることが関係していると考えられている。なぜ人間は言語的音声を作り出せるのか。それは，いわゆる「のどちんこ」の奥にある咽頭という部分が他の動物に比べて広くなっているためである（図1）。声帯で作られた振動音は咽頭の空間で共鳴して増幅し、歯、唇、舌の働きによって多様な言語的音声を作り出す。歌を歌うときに背筋を伸ばして、前を向いた方が明瞭な声がでるというのも、この音声を作りだす身体の仕組みが最大限に発揮されるためである。類人猿の中で最も人間に近い

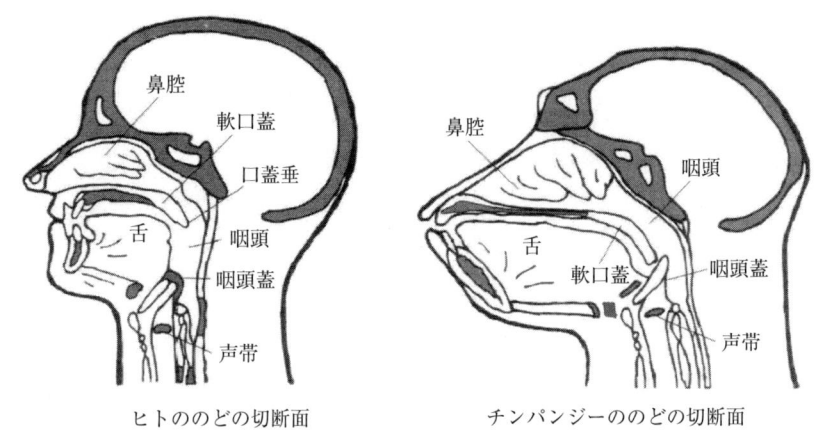

図1 ヒトとチンパンジーにおけるのどの構造
（菅野・塚田・岡本（2010）より引用）

　チンパンジーであっても、四肢歩行で口にくわえて物を運ぶため、口が前に飛び出している。しかし、二足歩行が可能で、手で物を運べる人間は、口が引っ込んで、口の内部の構造も変化し、さまざまな種類の音を作り出すことができるようになった。

　まだ歩くことのできない0歳前半の赤ちゃんの喉の構造は、どちらかというとチンパンジーのそれに似ている。さらに、口の中も狭いため、上手に舌を動かすこともできない。そのため、赤ちゃんは言語的音声を出すことができないのである。首がすわり、腰がすわり、自分の力で上体を起こせるようになる時期と、言語的音声の種類が増える時期は、ほとんど一致している（表1　参照）。

　こうした身体の器官の発達だけでなく、身体運動の発達と言葉の発達との間にも関係はある。第3節で、生後6〜8か月頃になると、「バ，バ，バ」「マ，マ，マ」といった喃語をリズミカルに繰り返すようになると述べた。これとちょうど同じ時期に、手足のリズミカルな運動の頻度が高まり、赤ちゃんの発声と手足を上下に振る運動は同期して生じることが明らかにされている。この発声と運動の同期現象は喃語を話す時期に限って見られることから、赤ちゃんの喃語の発達を促す役割があると考えられている。

表1　乳幼児期の言葉と運動の発達

	言葉の発達	運動の発達
出生〜1か月	「泣く（叫喚）」ことで不快を伝える。	
2〜4か月	クーイングやガーガーリングが現れる。	うつぶせの姿勢で頭を上げることができるようになる（首がすわる）。
4〜6か月	「アーアー」など母音を繰り返す音、「キャー」など金切り声などさまざまな音を出す。声遊びの時期。	寝返りがうてるようになる。
6〜8か月	「マ、マ、マ」といった子音と母音を組み合わせた音節（喃語）をリズミカルに繰り返す。	支えなしで座れるようになる（腰がすわる）。
1歳前後〜1歳半	初めて意味を持った言葉（初語）を話す。1語のみの単語が中心。	一人歩きができるようになる。
1歳半〜2歳	ものを指差しては、その名前を呼ぶ活動が多く見られる。しきりにものの名前を尋ね、ものとその名前との対応を学習していく。	ボールを蹴ることができるようになる。
2〜2歳半	知っている語句を羅列していく。語彙が急速に増加していく。	階段を交互に足を出して登れるようになる。
2歳半〜3歳	多語文が言えるようになる。	三輪車をこげるようになる。
3〜4歳	話し言葉が一応完成する。	片足ケンケンができるようになる。
4〜5歳	言葉を使って考えたり、想像したりできるようになる。	片足で立った状態を10秒間維持できる。

　また、子どもは1歳前後から自分の身の周りのものに対して「指さし」をするようになる。初期の指さしは、子どもが驚いたものや注目するものに、周囲の人々を巻き込み、関心を持たせようとする働きをもつ。その証拠に、対象を指さした後、大人を振り返ってその対象を見ているかどうか確認する行動がしばしば見られる。それが、1歳を過ぎると、「あれは何？」「〜が欲しい」「〜がしたい」などの意味を持ち、相手からの具体的な返答を期待するような指さしをするようになる。このように、指をさすという行為は、言葉で十分に自分の気持ちを伝えられない子どもにとって、他者とのコミュニケーション手段の一つになっているのである。
　言語能力が発達する乳幼児期において、言葉は単に口から音声として発せら

れるものだけでなく、表情や手足、全身を使って表現されるものである。そして、親などの他者から発せられる言葉もまた、全身で受け止め吸収し、自分のものにしていくのだろう。したがって、養育者が身ぶり手ぶりを交えたり、スキンシップをとったりしながら、感情豊かに子どもとやりとりをすることが、子どもの言葉の獲得には有効であると考えられる。

参考文献
・Field, T. M., Woodson, R., Greenberg, R., & Cohen, D. 1982 Discrimination and imitation of facial expression by neonates. *Science*, 218, 179-181.
・小林春美・佐々木正人（編）『新・子どもたちの言語獲得』（大修館書店、2008年）
・子安増生（編）『よくわかる認知発達とその支援』（ミネルヴァ書房、2005年）
・正高信男『子どもはことばをからだで覚える』（中公新書、2001年）
・Meltzoff, A. N., & Moore, M. K. 1977 Imitation of facial and manual gestures by human neonates. *Science*, 198, 75-78.
・無藤隆・岡本祐子・大坪治彦（編）『よくわかる発達心理学』［第2版］（ミネルヴァ書房、2009年）
・根ヶ山光一・仲真紀子（編）『発達科学ハンドブック』第4巻　発達の基盤：身体，認知，情動（新曜社、2012年）
・菅野幸恵・塚田みちる・岡本依子『エピソードで学ぶ　赤ちゃんの発達と子育て ― いのちのリレーの心理学 ―』（新曜社、2010年）
・内田伸子（編）『よくわかる乳幼児心理学』（ミネルヴァ書房、2008年）

第2章
乳幼児への言葉かけ

1. 歌いかけの意味

　乳幼児の言語習得にとって大切なことは、母親のあやす言葉、母親語〈motherese〉（現在は「育児語」という言い方が多い）に触れさせることである。それと共に、わらべ歌などを歌って聞かせることである。乳児の脳内にあっては、言葉と音楽とはいまだ明確に分離していない。言葉を聴くと、それを音に対応させて、音楽の特殊なケースとして処理をする。つまりそれは、赤ちゃんが言語表現を一種の音として受け止めていることを意味する。日本人は一般的に、言語処理機能は左脳を働かせることで達成し、他方で、音楽受容などの感性的な機能は主として右脳の部位にあるとされる。だから例えば、欧米人であれば、虫の音を、主に左脳の言語中枢で捕捉することになるので、それはまったくのところ、意味不明の不快な雑音にしか聞こえない。それに比べて日本人は、右脳の部分でそれを捕捉するので、虫の鳴き声に感動できるという。乳児の耳に届く声は、受容の仕方としては音響的な次元と意味の次元との間で、ほとんど音響寄りのものに位置づけられる。それは仏壇の前で行われる読経の朗詠の一種と見なせば、連想が働きやすいかもしれない。たとえ読経の意味がちんぷんかんぷんであっても、聞き慣れると、私たちは心地よい気分になる。赤ちゃんの場合も同様である。赤ちゃんにとって歌がリズミカルな音楽的特徴を備えて、心地よい音の響きが感じられれば、それでいいのである。
　当初、乳幼児は言葉に対して、それぐらいの貧弱な処理能力しか持っていなくても、母親の声の調子や抑揚、イントネーションはしっかりと乳児の耳が捕まえて、十分に楽しめている。その限りにおいて音楽の受容・聴取と同程度に、大雑把な気分やメッセージ、また意味にもならない感情らしきものを伝え

てくれる。したがってそれは、言語理解の初めの一歩である。だから音楽に乗せる形であっても、乳幼児が言葉に接するということは、言語の獲得過程にとって、何よりも大切な機会となる。歌いかけの実践が「歌うように話しかける」また「話しかけるように歌う」といった不完全な形に変わっても、その重要度は何ら変わらない。「歌うのが苦手だから、歌いかけはしたくない」と思っているお母さんも、話しかけるような感覚で試してみればいい、歌の途中で中断しても、一向に構わないということなのである。とにかく、頻繁に歌いかけてあげる。そのことが同時に、母子間でのコミュニケーションの促進に寄与するからである。

　人間の場合、コミュニケーションを成立させるためには、言葉の獲得が不可欠である。複雑な音声言語によって、またそれを視覚映像化した文字記号によって、それが可能となっている。それは人間以外の動物には持ち得ないような心の連帯を構築する手段である。コミュニケーション手段のうち直接的なものに、「スキンシップ（肌の触れ合い）」と呼ばれるものがある。もちろん人間もその能力を持ち、実際に機能させている。だが、チンパンジーのように一日中、触れ合っているわけではない。チンパンジーは、生後数か月の間、子どもを背中で運んだり、おなかにぶら下げたり、抱え込んだりしながら、絶えず接触を怠らない。人間は赤ちゃんに対してたまにはそのようにするが、チンパンジーのように肌身離さずということではない。普段は赤ちゃんベッドに置いて、母親の体から離して育てている。そのように進化してきた。だから、赤ちゃんと親との絆を築くための何かが必要となってくる。チンパンジーの母子よりも、一段とコミュニケーションの方法に気を配る必要が出てくるが、その理由がここにある。その有効な方法の一つが、ここで検討する子守歌を始めとする歌いかけである。つまりスキンシップを図りながら、言葉を介して歌いかけることである。親が子を抱きしめることを止める、子守歌を歌う行為を面倒くさがる。それでテレビの前に座らせてしまえばよい、と考える。そうなれば、子どもは健全な成長を遂げられない。

　　母親にしっかり抱かれ、体温を感じ心臓の鼓動を聴き、そして子守歌を聴きなが

ら育った子どもは、情報を全身で受けとめ五感を刺激されることで脳全体を活性化させることができる。体全体を通して情報が伝えられ、脳のソフトウェア（脳の配線）を育てるのである[1]。

　子ども向けの歌のなかには、乳幼児や児童に難しい言葉ないしは理解不能な表現の混じった例を見かけることがある。例えば、お馴染みの童謡「故郷（ふるさと）」（作詞：高野辰之　作曲：岡野貞一）とか「箱根八里」（作詞：鳥居忱［とりい　まこと］　作曲：滝廉太郎）とかの文語体による文章表現は意味が分からないだろう。現代の大人にさえ難解である。「♪ウサギおいし　かの山／　小鮒（こぶな）釣（つ）りし　かの川／　夢は今もめぐりて／　忘れがたき　ふるさと」、「♪如何にいます　父母／　恙（つつ）がなしや　友がき」や「♪箱根の山は　天下の険　函谷関（かんこくかん）も物ならず／　万丈の山　千仞（じん）の谷　前に聳（そび）え後ろに支（さそ）う」といった調子である。「函谷関」とは中国の河南省北西部にある交通の要害の地であり、軍事上戦略の拠点でもあり、地形の険しさで知られている。「ウサギおいし」は、しばしば「ウサギを食べて美味しい」という意味に誤って理解するようだ。しかし漢字で示せば、それは「ウサギ追いし」となり、兎を追いかけ回った幼い日々を回想的に歌詞に託したわけである。もっとも、昔の子どもたちは遊びと実益を兼ねて、捕まえた兎は家族と一緒に食べたらしいから、当時の実感として兎は美味しかったと解釈しても、まったくの見当外れとも言い難い偶然の一致を感じさせる。小鮒（こぶな）も同じである。昔の子どもたちは遊ぶだけではなく、その余禄の収穫も大いに楽しんだ。食べ物にあふれた現代日本では、もはやそういうことに連想が働くこともない。大人の世界でも歌詞に鈍感である。それにはあまり気にせずに、結構みんな平気で歌っている。英語の歌でも、歌詞をいちいち理解しなくとも、何となく歌の醸し出す気分に浸りながら、メロディーを口ずさんでいる。それと同じである。だからと言って、それを非難する気にはなれない。

　童謡というものはいずれも、日本の文化風土が培ってきた日本語で綴られている。場合によっては普段の日常語でなかったりする。だが、その美しい音の響きに触れるだけでも、十分な価値があるというものである。難しい表現や語

句の意味については、そのうちにどこかで知ることになるだろう。幼稚園や保育園の先生をはじめとする大人が、その意味を説明すればよい。また後年、自らその疑問に挑戦して、図書館などで調べることになるかもしれない。そうなれば、歌詞に盛り込まれた日本の特色ある風土や人々の思いを、余計に知ることになろう。今述べてきた「故郷」や「箱根八里」の例は乳幼児向けというよりも、児童向けの話題と捉えた方が適切である。だが、指摘したいことの基本は変わらない。乳幼児に対しても、歌詞の理解が年齢的に相応しいかどうかは気にしないで、なるだけたくさん歌いかけを実践することである。その経験の積み重ねが、長い目で見て、言語表現の豊かさにつながるからである。

2. 乳幼児によく歌いかけられる歌

　本書は「児童文化における言語表現」が主要テーマなので、乳幼児向けの歌における具体的な歌詞に注目していきたい。実際に子育ての段階で、どのような歌を歌いかけに使用しているのかを、厳密に知ることは困難である。あるアンケートの調査結果[2]が手元にある。それによると、お母さんたちが歌うものの上位に、白秋作詞の「揺籠（ゆりかご）の歌」が挙げられていることが分かる。0歳前半から1歳前半までは、人気ランクの1位を占め、1歳後半から2歳前半、2歳後半にかけてはそれぞれ、2〜5位内に、3〜4位内に、5位にランクされている。1歳前半では3〜4位内に挙げられている「江戸の子守唄」が、意外性を帯びており、関心を惹く。これはもともと、日本の古謡として知られている。この歌とか「揺籠の歌」とかが好んで歌われる理由は、寝かしつけるのに最適であり、お母さんとしても静かな雰囲気で子どもをいつくしむ気分に浸れるからであろう。西欧世界では、モーツアルトとブラームス、シューベルトの子守歌がよく知られており、「三大子守り歌」と言えば、これら三人の音楽家が作った名曲を指す。しかしどの国のものでも、子守り歌である以上は、同じ音域の範囲内で歌いかけられている。440ヘルツの「ラ」の音が一番多く、次いで392ヘルツの「ソ」の音が最もよく用いられる。このあたりの周波数は、胎児が胎内で聞きやすい音域に合致する。また赤ちゃんの泣き声もこの近辺の

周波数である。そのために、どの子守歌も乳幼児の気分を落ち着かせ、心穏やかにさせる効果を持つと言われる。それでも、日本のお母さん方が、日本のもの、とりわけ「江戸の子守唄」を好むといったところに、注目すべき現象が現れている。現代の日本社会は、自分たちの文化や歴史を軽んじて、欧米の物に憧れる傾向が強いけれども、ごく生活に密着した場面では、やはり率直に土着の物に良さを感じ、それを選び取るように見える。何と言っても、「江戸の子守唄」の無理のない生活感覚とリズムは、気負いのない普段着のような親しみやすさがある。

その他にも、リズム感にあふれ、思わず手足を動かせて踊りたくなるような歌が目立つ。「どんぐりころころ」「おもちゃのチャチャチャ」「むすんでひらいて」などを歌いかけに選んでいる。

次いで具体的に個別の曲の歌詞を検討していこう。3曲だけ取り上げておく。

(1)『江戸の子守唄』(古謡)

　　　ねんねん　ころりよ　おころりよ
　　　坊やは良い子だ　ねんねしな

　　　坊やのお守りは　どこへ行った
　　　あの山　越えて里へ行った

　　　お里のみやげに何もろた
　　　でんでん太鼓に　笙(しょう)の笛

発祥の時期は　宝暦・明和年間というから、江戸時代中期の18世紀に当たる。この唄は江戸の本所深川界隈から全国に広まった。参勤交代で諸国の大名は江戸に入府しては、一年経つと領国に帰って行った。その行列に付き従って国元に帰る武士たちが、この唄を自分たちの藩内に広めることとなった。国元は、帰国する武士に江戸の土産を期待したが、それは物品でなくてもよかった。江戸の都で暮らした武士が、土産話に仕入れた「花のお江戸」のいろいろな見聞を語ると、田舎の家族や知り合いは目を輝かせて、それに聞き入った。

江戸からの土産としてはもうそれだけで十分だったのである。『江戸の子守唄』もその一つである。また武士たち以外にも、飴や薬などを売って、全国を渡り歩く行商人、旅芸人の一座、さらに年季明けの奉公人らが、この子守唄を広める役目を担った。江戸はかたつむり状に掘割が発達した計画的な運河都市だった。水運によって続々と物資が運ばれて行った。深川という所は元来、そうした水上交通の要所である。江戸湾や利根川などに通じた水路を利用して、運搬舟が出入りし、とりわけ深川という所はとても賑わった船着き場だった。いろいろな人が集まって来ては、そこから他所に向けて拡散した。それであっという間にこの唄が、全国に広まったというわけである。

　唄の大意：坊や、いい子だからねんねしな。坊やのお守はどこに行ったんだろうね。あの山を越えて、里に戻ったんだよ。いい子にして眠っていたら、お守の姉（ねえ）やから、お里のお土産に、でんでん太鼓や笙の笛をもらえるんだよ。

　金持ちの商家では、小さな子の世話はおかみさんがするのではない。貧しい家の子どもが奉公に上がってきて、男子は丁稚入りし、娘は子守り役を引き受けた。大店のおかみさんは子育てをそっちのけで、芝居見物や余暇、趣味の楽しみに時間を費やしたのだった。この唄の内容では、子守の娘は里帰りしており、その間、実母が坊やの面倒を見ているといった状況のようだ。ただし、3番の歌詞は、お土産を持った姉やが、奉公先に戻ってくる将来の状況を、さも実現したかのように暗示する。その1行目の「お里のみやげに何もろた」は「何をもらったかいね」という推測の気持ちよりも、2行目との緊密な連続から「もらったんだよ」と確定したような状況を作り出している。

(2)『揺籃の歌』（作詞：北原白秋　作曲：草川信）

　　　揺籃のうたを　カナリヤが歌うよ
　　　ねんねこ　ねんねこ　ねんねこよ

　　　揺籃のうえに　枇杷の実が揺れるよ
　　　ねんねこ　ねんねこ　ねんねこよ

揺籠のつなを　木ねずみが揺するよ
　　ねんねこ　ねんねこ　ねんねこよ

　　揺籠のゆめに　黄色い月がかかるよ
　　ねんねこ　ねんねこ　ねんねこよ

　使用頻度の一番大きい歌いかけは、この「揺籠の歌」である。歌詞は4連各2行からなる。各連の1行目はそれぞれ、「AをBが歌うよ」[1-1]、「CにDが揺れるよ」[2-1]、「EをFが揺するよ」[3-1]、「GにHがかかるよ」[4-1]というように簡単な文が反復される。([1-1]の表記は第1連の1行目を表わす。)「を」と「に」とが、奇数行と偶数行とに交互に現われる。その間、主語は（B）「カナリヤ」→（D）「枇杷の実」→（F）「木ねずみ」→（H）「黄色い月」と移っていく。「歌う」→「揺れる」→「揺する」→「懸かる」。この流れは確実に赤ちゃんを安眠に誘ってくれる。最終の4番1行目は、赤ちゃんが夢の中で健やかに寝入った状態を表現する。黄色い月の光を浴びて、揺籠の赤ちゃんは天国にいるような安眠を連想させる。色彩の視点に着目してみると、お月さまの黄色は、カナリヤの黄金色、リスの褐色、ビワの黄色い実と、暖色系の黄色を受け継ぎ、眠りへと誘うのである。

　格別、説明を要するような箇所は見当たらないが、強いて言えば、「木ねずみ」という言葉の意味に戸惑う人がいるかもしれない。これはリスの別称である。ネズミというのはここのイメージには不適切である。何かどぶネズミのような汚らしい生き物を思い浮かべるのはひとり論者だけであろうか。ハツカネズミを想像すれば、少しはましである。また「木ねずみ」というから、木彫りのネズミが装飾品として揺り籠の綱に結わえつけられているのであれば、汚らしさが軽減されて、ある程度は納得がいく。だが、おそらく白秋は、そうした言葉が持つ意味よりも、音の響きのよさから「木ネズミ」という表現を採用したと考えられる。

　自動車はエンジンが動力になって走る。馬車は馬が荷車を引っ張って動き出す。舟の上にいる人は波の動きによって揺れる。あらゆる運動という自然現象には動因が隠れている。したがって、すべての動詞において「それを動かす原

因は何だろう」と考えることは、表現の完全な理解にとって不可欠である。そのような発想で、白秋のこの子守歌を眺めてみると、カナリヤが歌い、月が懸かることは、何ら疑問が浮かばない。ところが、2番では枇杷の実が揺れるが、何がその動因であるかは不明である。3番ではリスがチョロチョロと動き回って、揺籠の綱を揺すっている。揺れている枇杷の実の動因が何であるのかは、はっきりしない。だが、次の3番に至って、それがリスであるとの連想が強く働く。案外、白秋はそうした効果を狙っていたのかもしれない。大きく捉えれば、揺籠で横になっている赤ちゃんの静かに眠りに沈む様子と、そのうえで忙しなく動き回るが、決して騒がしくはないリスの動態―この両者の対照が鮮やかに刻み込まれている。

　1番から4番まで各最終の2行目は「ねんねこ　ねんねこ　ねんねこよ」が反復される。この表現は情景描写の後に出てくるが、赤ちゃんを寝かしつける母親（養育者）の発話である。手でそっと撫でるようにして、つぶやいている科白のようである。この寝かしつける際によく使う表現はもともと、どういう意味をもつのだろうか。「ねんね」というのであれば、それは赤ん坊のことである。ないしは寝ること自体を意味する。「ねんねん」という言葉があるが、「ねんねん」となると、「寝（ね）入れ寝（ね）入れ」に由来する。「寝（ね）む寝（ね）む」とは寝ることを意味する。赤ちゃんが最初に覚える言葉には、「おいで」「ちょうだい」と共に「ねんね」がある。白秋は「ねんね」ではなくて、「ねんねこ」と言っている。これは馬のことを、幼児語で「うまっこ」という場合と同じであり、なめらかに調子を整え、親しみを込めた言い方だと見なしてよい。「♪どじょっこだの、ふなっこだの」という童謡の一節があるのも同じ趣旨であろう。日本らしい昔話で有名な「笠地蔵」ないしは「かさ地蔵」は全国に流布しているが、「かさこ地蔵」と名づける例も同類である。

　「ねんねこ」を繰り返すと、あやし言葉の効果が出る。そこで歌の題名は「揺籠の歌」であるが、「ねんねこ歌」とも言われる。乳児を揺れる籠に入れて、揺り動かしながら寝かしつける。こうした揺り籠のような子ども用具は日本の伝統にはない。白秋のこの歌の世界はモダンなイメージを感じさせることを、最後に指摘しておこう。

(3)『げんこつ山の狸さん』(わらべ歌)

　　げんこつ山の　たぬきさん
　　おっぱいのんで　ねんねして
　　だっこして　おんぶして　またあした
　　ジャンケン　ポン
　　あいこでしょ

　この歌は「伝承童謡」の一つで、昔から日本の子どもたちの間で歌い継がれてきたものである。ジャンケン遊びをする時に、「ジャンケンポン」の掛け言葉でいきなりジャンケンを始めてもよいが、まずこのわらべ唄を歌ってから、実際にジャンケンの勝負に入っていった。だからこれは典型的な遊び歌である。子どもは何事も自分たちのお気に入りの遊びに変えて悦に入る。子どもの心に遊びの感覚が芽生えることは間違いない。歌詞が持つ面白さやイメージの広がり易さ、また心地よいリズム感によって身体遊びにも活用できそうである。
　ところで、「伝承童謡」という用語についてであるが、知ってのとおり、昔話の区分の仕方との対比で把握すれば、理解は簡単である。すなわち児童文学における昔話の領域では、兄のヤーコプ・グリムが「創作童話（Kunstmärchen）」と「伝承童話（Volksmärchen）」というように、下位区分を試みた。前者は特定の作家、例えばアンデルセンが、その個性的な才能に基づいて創作した「みにくいアヒル」「人魚姫」のような作品を指す。それに対して、後者の事例は自然発生的に生まれものである。口伝えで子から孫へ、さらにそのまた子どもへという具合に、庶民の間で連綿と語り継がれた昔話のことを言う。それは特定化された個人の独創的な創造物ではないのである。例えばグリム童話の「赤ずきんちゃん」「ヘンゼルとグレーテル」、また日本では「桃太郎」「ネズミ浄土」などがそれに該当する。同じように子どもの遊びのなかで自然発生的に生まれてきたとしか言いようのないものが、「伝承童謡」である。一方、北原白秋の「揺籠の歌」は「創作童謡」である。白秋という優れた一人の詩人が、この童謡を創出したからである。

歌詞は改めて解釈するほどのものではなかろうが、「げんこつ山の狸さん」はジャンケンのグーを連想させる。周知の通り、ジャンケンの始めは握り拳（にぎりこぶし）をつくってから、ポイの掛け声でグーチョキパーの手形を作って、勝敗を決める。握り拳が「げんこつ山の狸さん」の言葉に反映されている。（この歌は第3章「手遊び歌」でも扱っているので、参照されたい）。ここでの登場動物はタヌキである。日本で身近な動物と言えば、やはりタヌキを筆頭にして狐、雀、カラスあたりである。日本の昔話のことを思い出せば、納得がいく。花と言えば桜の花のことであり、鳥と言えばカラスのことである。カラスを意味する漢字は「烏」と書く。日本の生活事情や自然環境が、かつてとは変化してきているが、私たちに親しい身近な動物の種類にはまだまだ変更がない。最近になってクマが人気上昇中である。昔は山奥に棲息する動物だったので、平地の近くにはいなかった。最近は餌を求めて、しばしば過疎地の山里まで下りてきている。物珍しい動物でなくなったようだ。そのためか、絵本の題材にもしばしば登場するようになった。

3. 日本の子守唄

前節の「江戸の子守唄」で子守りの世話をする姉やの存在について触れた。このような娘たちが日本特有の子守唄の一傾向を形づくってきた。西欧の「三大子守り歌」は、私たちにとって馴染み深い名曲である。「三大子守り歌」とは、シューベルトの曲（♪眠れ眠れ母の胸に）とブラームスの曲（♪眠れよ吾子汝をめぐりて）、それにモーツアルトの曲（♪眠れよい子よ　庭や牧場に鳥も羊も）の総称である。ただし、最後に挙げたモーツアルトの子守歌は、モーツアルトの作曲ではないという主張が、現在なされている。それらの子守歌はいずれも、北原白秋作詞の『揺籠の歌』のように、乳児を健やかな眠りへと誘うために、やさしく歌いかけるのだが、日本には別種の子守唄の系統があった。白秋の発想がむしろ、珍しいのではないか。伝統的な発想であれば、赤ん坊の世話をする当の幼い子守り娘が、歌における中心的話題となる。それも彼女の貧しく辛い身の上を歌うところに、この種の子守唄の特徴が出ている。以下で

は、特記事項として (a)「五木の子守唄」(b)「中国地方の子守唄」および (c)「島原の子守唄」を列挙しておきたい。

(a)『五木の子守唄』(熊本県の民謡)

①おどま　盆ぎり盆ぎり
　盆から先やおらんど
　盆が早よ来りや　早よ戻る

②おどま　かんじんかんじん
　あんひと達ア　よか衆
　よか衆　よか衆　よかきもん

③おどんが　うっちんちゅうて
　誰が泣いちゃくりょか
　裏の松山　蝉（せみ）が鳴く

④蝉じゃごんせぬ　妹でござる
　妹泣くな　気にかかる

【語句・表現の説明】
○「おどま」と「おどん」：前者は一人称複数を指し、自分たちのこと。また後者の「おどん」は、私という意味である。
○盆ぎり：お盆までの契約
○勧進（かんじん）：もともと社寺や神社を建立したり修繕したりする費用を集めること。その僧は勧進聖（かんじんひじり）と言う。有名なところでは、義経一行が東北地方に落ちのびる際に、勧進聖になりすまして関所を抜けようとした。当時、東大寺の修復に浄財を求めて、全国行脚をする運動が盛んだった。それが転じて、「乞食」のことを「勧進」と称した。自分の家を持たずに放浪し、他人の力に頼って生きている姿と重ねたからである。
○よか衆：33人の旦那衆のこと。彼らは五木地方で山林や平地の所有者で、役職の地位にあった有力者である。
○「うっちんちゅうて」：「死んでしまったとしても」の意。
○「裏の松山　蝉が鳴く」：一瞬、裏の松山でセミが鳴いていると思ったが、それは夢見心地の錯覚である。

【解説】
　歌詞を標準語に直しておく。
① 私たちはお盆までの契約です。
　　盆が来れば、ここにはいません。
　　盆が早く来れば、それだけ早く実家に戻れます。

② 私たちは乞食同然の身。
　　あの人たちは金持ち
　　恵まれていて、上等な帯を締めて、上等な服を着ています。

③ 私が死んだと言っても、悲しむ人はいないでしょう。
　　裏の松山では、セミが鳴いています。

④ 待よ、今は春だ、椿が一面に花を咲かせる季節だわ……。
　　セミの鳴き声ではない。妹の鳴く声だ。
　　妹よ、泣いてはいけない。泣く声が聞こえてくると、私はとてもつらい。

(b) 『中国地方の子守歌』（岡山民謡、作曲：山田耕筰）

　　①ねんねこ　しゃっしゃりませ　　②ねんねこ　しゃっしゃりませ
　　　寝た子の　可愛さ　　　　　　　　きょうは　二十五日さ
　　　起きて泣く子の　ねんころろ　　　あすはこの子の　ねんころろ
　　　つら憎さ　　　　　　　　　　　　宮詣（みやまい）り
　　　ねんころろん　ねんころろん　　　ねんころろん　ねんころろん

　　③宮へ　詣ったとき
　　　なんとゆうて　拝むさ
　　　一生（いっしょう）この子の　ねんころろ
　　　まめなよに
　　　ねんころろん　ねんころろん

【語句・表現の説明】
○「しゃしゃりませ」：「してくださいよ」の意味。岡山県の備中・備後地方の方言。
○「ねんころろん」：この言葉は「ねんねんころりよ　おころりよ」と同じで、「眠りなさいよ」という意味が込められている。「ころり」の音の響きが、眠りに陥ることを暗示する。総じて、眠りに誘う呪文のような働きがある。
○「まめなよに」：「健康に暮らせますように」の意。

【解説】
　この子守唄は雇われた奉公人の身の上を綴ったものではない。実の母親がわが子を寝かしつける時の歌である、と思われる。「まめなよに」というのは、「健康でありますように」の意味で、赤ん坊の25日のお宮参りには、そのように願をかけるつもりだというのである。日本は「子どもの天国」（英国公使パークスの言）であった。幕末から明治時代に訪れた西洋人はそのことに感銘を受けたことが多くの記録に残されている。日本には子どもを中心にした行事やお祝いが多いことは、その証拠の一つに挙げてよい。「七五三」のお祝いは、子どもが三歳、五歳、七歳になった時に、氏神さまに参拝させる行事である。男の子の場合は三歳と五歳、女の子では三歳と七歳になると、11月15日にお参りするのである。それまで生きながらえることができたことに対して、神社の神さまに感謝をし、併せてこれからの成長をも祈願することを目的とする。この歌では、「七五三」の行事でお参りするわけではないが、同じような趣旨から、赤ちゃんを連れてお参りに行こうとしていることがわかる。
　民謡でありながら、山田耕筰の作曲になっているのは、ある種の矛盾である。実は特殊な事情があった。岡山県井原市出身のテノール歌手・上野耐之（たいし）は、山田耕筰に師事していた。1928（昭和3）年3月21日のこと、歌のレッスンを受けていた時に、上野は故郷の子守唄を耕筰に歌って聞かせた。メロディーの素晴らしさに感じ入り、耕筰はその場で五線紙に書きとめた。そしてピアノ伴奏付きの歌曲に仕上げて、同年4月に「中国地方の子守唄」の曲名で発表したといういきさつがあった。

(c)『島原の子守唄』
　ここでは、歌詞のおおよその意味を、標準語を用いて記載しておく。
①私は島原の　私は島原の　貧しい家で育ちました。
　その貧しさと言ったら
　貧しさで色恋どころではなく、明日のご飯さえない、そんな哀れな娘なのよ。
　泣かないで、早く寝ておくれ、よしよし。
　寝ないと、人買いの久助どんが坊やを連れて行ってしまうからね。
②沖に見えている不知火　沖に見えている不知火が　消えては燃え上がる。
　バテレン祭りの　笛や太鼓も鳴り止んだ。(静けさが戻った。)
　だから早く寝てちょうだい、よしよし。
　よしよし　よしよし　よしよし。
③帰りには寄ってくださいね。　帰りには寄ってくださいね。
　粗末な家だけれど　芋飯や粟飯　稗（ひえ）の黄金飯なりとも、振舞いますから。貧しい身の上なので、これぐらいしかおもてなしができません。
　ご主人の奥様が、だれかから口紅をもらった。
　私の唇に塗ったら、温かみが広がることだろう。

　(c)の①に出てくる「鬼の久助」は、「鬼の池久助どん」という名の実在した人買いのことである。島原地方は、「唐ゆきさん」で有名な所だった。有明海や八代湾では、夏の夜に「不知火」という現象が起きる。海上に無数の火影が輝いて見えるのが、それである。夜光虫、燐光、漁火などが明かりの原因だとの説がある。今でもイカ釣り漁船は、明るい光に集まってくるイカの習性を利用して、まぶしくなるほど集魚灯を輝かせて、イカ漁に精を出している。
　②に関連するが、安土桃山時代に、南蛮人（スペイン人やポルトガル人のこと）が、この地にキリスト教を伝えた。当初は、キリスト教のことを「バテレン教」と呼んだ。島原の乱が江戸時代の初期に起きたように、このあたりはキリスト教の根づいた土地柄である。江戸時代には、キリスト教はご禁制の宗教だったので、隠れキリシタンとして命脈を保っていた。明治時代に至って、宗

教信仰の自由が認められてからは、バテレン祭り（キリスト教の祭り）がおおっぴらに催された。

　また③では穀物のことに言及される。瑞穂(みづほ)の国・日本では、人々は米を神聖視し、米作りに異常なこだわりを見せた。人々にとって米食をするのが夢であったが、昔の貧乏人は粟や稗を代用食とした。「黄金飯」は、その色づきから稗飯を指す、いわゆる「隠語」である。ただ恵まれた人は、米飯ばかりしていると、ビタミンB₁の不足から脚気(かっけ)を患った。

　(b)の子守り唄の歌詞の中には、「つら憎さ」という言葉が見えている。少々過激すぎる言い方である。雇われの子守り娘であれば、赤ん坊が泣いていると、主人が荒げた声で「泣かすんじゃない」と、叱られることがしばしばあった。心の焦りと乱れから、ついそのような気持ちに襲われたことは想像に難くない。だが、これは実母である。それでも、夜泣きの激しい子どもがいれば、一瞬そのような心境に陥るかもしれない。まして、昔の農村における若い母親は野良仕事、家事、炊事洗濯など、どれほど時間があっても足りないくらいだった。人間だから、疲れ切った時には、早く寝てほしいと願うあまり、そのような感情に襲われることもあっただろう。大切なことは、そういった気持ちを心の奥底に閉じ込めないことである。この歌はストレートに感情を表出しながらも、全体的にはメロディーも歌詞もおおらかな優しさに包まれている。

　もとより赤ちゃんに、子守唄の意味内容は、聞き分けられない。子守り歌を歌うことで、赤ちゃんは眠りに誘われる。そればかりでなく、泣きぐずりをなだめるために、落ち着いた気分にする効果が、そこに認められるであろう。ゆっくりとしたテンポで、単調なリズムに乗って、繰り返し言葉を優しく呼びかける。起伏の少ないフレーズからなる旋律を耳に届けることである。歌の調子や気分を届けるのであって、言葉の意味を届けるのではない。どれほど悲惨な境遇や人生の哀しさを歌詞に盛り込んだとしても、赤ちゃんに理解できるわけはない。子守唄の本質、調子が伝達されるばかりである。情緒面を刺激するだけでも、高い価値が認められる。

　あるいは赤ちゃんの気分しだいでは、楽しい雰囲気を盛り上げる必要がある。そうした状況が生じてくる。その場合は、その場にふさわしい曲を歌いか

けることになろう。一例を挙げれば、わらべ歌の「うさぎ」（♪うさぎ　うさぎ　なに見てはねる　十五夜　お月さん　見てはねる）は寝かせ歌としても活用できるが、遊ばせ歌でもある。抱いている赤ちゃんに月を見せながら、歌を聴かせる。歌い終わると、「ヒュィヒュィ」「ピョンピョン」と掛け声をかけると同時に、抱いている赤ちゃんの体を微かに動かす。乳幼児の側から見ると、子守りの身の上を歌った子守唄も、寝かせ歌や遊ばせ歌と同じように大切な心の生活の一部である。

　話しかけるように歌い、歌うように話しかける — このことを先に提案しておいた。母親語（マザリーズ）の独特の話し方は、歌いかけにも通じるものがある。その特徴は①高い声で、②大げさな抑揚をつけること、③ゆっくりと④単語と単語の間隔を開けて、⑤簡単な言葉遣いで話すところにある[3]。

　しかし、母親語は意識的な所作ではない。そうではなくて、赤ちゃんを目の前にした時に、誰もが教えられるまでもなく、そのような振る舞いを演じるのである。赤ちゃんの耳に聞こえやすい音域を知っているかのようである。もしかすると、私たちは乳幼児期の微かな記憶を、どこか心の片隅に残しているのかもしれない。それが赤ちゃんとじかに面した時に、ふっと思い出すのかもしれない。母親語は大人と子どもの結びつきの原点である。子守歌のみならず、広く歌いかけや話しかけを通じて、赤ちゃんと情緒的に結びつく。このことの大切さを、等しく共有すべきであると思う。

注
1) 大島清『歌うとなぜ〈心と脳〉にいいのか？』（新講社、2005年）125頁。
2) 玉川大学赤ちゃんラボ『なるほど！赤ちゃん学ここまでわかった赤ちゃんの不思議』（新潮社、2010年）60頁。
3) 同上書、62頁。

参考文献（順不同）
・岩淵悦太郎『ことばの誕生　うぶ声から五才まで』（日本放送協会、昭和46年）

- 鵜野祐介『子守唄の原像』(久山社、2009 年)
- 岡本夏木『幼児期―子どもは世界をどうつかむか―』(岩波書店、2008 年)
- 小西行郎／小西薫『赤ちゃんのしぐさBOOK』(海竜社、2005 年)
- 合田道人『童謡の秘密〜知っているようで知らなかった』(祥伝社、平成 15 年)
- 岩城敏之『絵本・お話・わらべ歌』(アスラン書房、2011 年)
- 德永満里『赤ちゃんに どんな絵本を読もうかな 乳児保育の中の絵本の役割』(かもがわ出版、2009 年)
- 仲井幸二郎ほか編『日本民謡辞典』(東京堂出版、昭和 49 年)

第3章 手遊び歌

　手遊び歌は道具を使わず、いつでもどこでも何人でも楽しむことができる遊びである。幼稚園や保育園の現場では、子どもたちが保育者の動作や口ずさむ歌を真似することから始まる。そして皆で楽しんでいるうちに、自然なリズムのやり取りが生まれ、保育者や仲間とのコミュニケーションのきっかけへと発展していく。このように、手遊び歌によって子どもたちと保育者が一緒に遊び、楽しみを共有することが可能になり、保育の場面に重要な役割を果たしているのである。

　同様に、就学前の保育だけでなく小学校低学年の教育においても、手遊び歌は大切な教材となっている。

　しかし、本質的な役割が見過ごされたまま、子どもを集中させるため、あるいは子どもを静かにさせることや着席させることなどの便利な手段として、手遊び歌が利用されている場合も多く見うけられる。

　そこで本章では、「1. 手遊び歌とは」「2. 手遊び歌の歴史」「3. 保育における手遊び歌」「4. 手遊び歌の具体例」を取り上げ、手遊び歌とは何か、保育において手遊び歌とはどうあるべきかなどについて考えていく。

1. 手遊び歌とは

　手遊び歌の定義は曖昧である。音楽や歌に合わせてさまざまな表現をしながら歌う遊び全般のこと、つまり、手や指のみでなく体全体を使うものも含めて考えることが多い。
　たとえば『保育用語辞典第4版』[1]では、「手あそび・指あそび」の項目があり、次のように記されている。

> 『主に、歌に手や指の動きを伴った遊びを指す。伝承的なわらべうた、外国の遊び歌、童謡に振りをつけたものや創作の手遊びなど様々な種類がある。遊び方も、保育者のまねをする、大人が子どもの身体にふれたり抱いたりして遊ぶ、向かい合って遊ぶ、輪になって遊ぶなど多様である。（以下略）』

　また『保育小辞典』[2]では、「手遊び」の項目に次のように記されている。

> 『音楽をともない歌いながら手指、身体を動かして遊ぶものをいう。（中略）わらべうた、外国曲の振りつけ、創作されたものもある。（以下略）』

　以上のように、いずれも「手遊び歌」という項目は見当たらず、この言葉についての明確な定義付けは行われていない。一般に、動作を伴った音楽的な遊びの総称として多様に用いられている。本章でもこれに従い、体全体の動きを伴うものも含めて手遊び歌として扱う。歌の種類としては、昔から子どもたちが伝承してきたわらべ歌はもとより、外国の曲に言葉をつけたものや、創作による手遊び歌も数多く存在する。同じ歌でも遊び方が何通りもあり、それぞれヴァリエーションも生まれている。特にわらべ歌のような伝承によるものは、地域によって歌の旋律が異なることも多い。

2. 手遊び歌の歴史

　現在行われている手遊び歌が、どのようにして広まったのかについて、簡単に触れることとする。

　手遊び歌の中で、古くから歌い継がれてきたのがわらべ唄である。わらべ唄は口誦伝承による日本の文化である。集団で遊ぶ「はないちもんめ」「かごめかごめ」などがあげられる。「かごめかごめ」はすでに1797年（寛政9年）の資料に歌詞が紹介されており、1844年（天保15年）の資料にはイラストも掲載されている。

　外国曲に新たに日本語の歌詞や動作をつけた手遊び歌は、第二次世界大戦後に入ってきた曲が多い。「いとまき」「ごんべさんのあかちゃん」などがある。そして最も新しいのが、今も新たに生まれている創作曲である。

　手遊び歌が現在のように広まった一因として、NHKのテレビ番組『おかあさんといっしょ』があげられる。『おかあさんといっしょ』は1959年に放送が始まった。その企画で、わらべ歌「げんこつ山のたぬきさん」（「♪げんこつ山の〜またあした♪」の部分）に続きの部分が作詞・作曲され、新たな「げんこつ山のたぬきさん」が放送された。香山美子作詞、小森昭宏作曲、1970年のことである。これにより、もとのわらべ歌も全国に知られるようになったという[3]。「おべんとばこのうた」などは、保育の現場で自然発生的に生まれた手遊びが全国に広まったケースであると言われている。この曲にも香山美子作詞、小森昭宏作曲で、新たに付け足された後半部分が存在する。メディアが発達し、テレビなどで発表された手遊び歌が、即座に全国に広まることとなったのである。

　現在では、インターネットでも手遊び歌が数多く発信されている。プロの創作家も活動するようになり、各地で講習やセミナーが盛んに行われている。手遊び歌は、現場に応じて常に新しく生まれ変わっていくものとなっている。

　一方、手遊び歌の楽譜集も数多く出版されている。わらべ歌も楽譜に記され、外国曲や創作曲と一緒に楽譜集に収められている。手遊び歌の楽譜集の出

版が盛んになったのも1970年代である。1974年8月から2007年9月までに出版された楽譜集112冊を調査した結果によると、「掲載曲数が多い作曲者」は、1．外国曲、2．不詳、3．わらべうた、の順である。不詳の中には保育の現場から自然発生的に生まれたものも含まれている。「掲載冊数の多い手遊び歌」の上位は以下の通りである[4]。

1.「げんこつ山のたぬきさん」
2.「大きな栗の木の下で」または「とんとんとんとんひげじいさん」
4.「靴屋のおじさん（いとまき、いとまきのうた）」または「ごんべさんのあかちゃん」

これらの曲は、手遊び歌の定番といえる。なお、2位にランクされるものと4位にランクされるものとはそれぞれ、2曲ずつ挙げられている。

3. 保育における手遊び歌

文部科学省が定める幼稚園教育要領では、「第2章 ねらい及び内容」において、教育内容の5領域（健康、人間関係、環境、言葉、表現）が示されている[5]。また、厚生労働省が定める保育所保育指針でも、同様の5領域が示されている。では保育において手遊び歌を行うことには、どのような意味があるのであろうか。以下では5領域に沿って考えていく。

「健康」
○体を動かす楽しさを味わうことにより、自ら体を動かす意欲が生まれる。
○自分の体の部位に気付き、各部位に関心を持って活動することにより、自分の体を大切にしようとする気持ちが育つ。
○生活に必要な習慣に気付くことができる。
○手遊び歌に出てくる食べ物に興味や関心をもつことにより、進んで食べようとする気持ちが育つ。

「人間関係」
○仲間と一緒に同じことをすることで、人と共にいることの喜びや人とつながる喜びを体験する。
○相手と同じことをやってみたり、手をつないだりすることにより、信頼関係を築く。
○仲間や保育者とのかかわりの中で、自分の力で行うことの充実感を味わう。
○子どもが手遊び歌を家庭に持ち帰ることにより、家族とのかかわりを深める。

「環境」
○歌に出てくる動物・木・花などに親しみや興味をもつ。
○季節の移り変わりや生活の変化、行事などに興味をもつ。
○自然の事象に関心をもち、自然にかかわろうとする意欲が育つ。
○数字や物の大きさなどに興味や関心を持ち、感覚を養う。

「言葉」
○言葉の音としての楽しさや美しさに気付く。
○リズムに合わせて言葉や名称を楽しみながら覚える。
○リズムのやりとりを通して、言葉を交わす喜びを味わう。
○替え歌で言葉遊びを楽しむ。自分の名前が呼ばれる期待感を持つ。
○楽しむことでイメージが豊かになり、言葉の感覚が豊かになる。

「表現」
○動作と歌を楽しみながら、自分なりのイメージが表現できる。
○楽しさを共有し、感じたことをさまざまに表現したり、他の子の表現に触れたりして、表現が豊かになる。
○対象のものになりきる等、演じて遊んだりする楽しさを味わう。
○音感・リズム感を養う。
○音楽性を決定づける5つの能力（聴く、歌う、動く、奏でる、つくる）[6]を

促す。
　聴く：保育者や仲間が歌うのを聴く、身近な音への興味・関心をもつ。
　歌う：音程やリズムが不安定でも、言葉や動作と合わせて楽しく歌う。
　動く：歌に合わせてリズミカルに動く。
　奏でる：身近なものや楽器を叩いたり触ったりして、音が出るものに興味・関心をもつ。
　つくる：替え歌やヴァリエーションを楽しむうちに、即興の対応や言葉の遊び、曲を作ることに興味・関心をもつ。

　以上見てきたように、手遊び歌は、5領域すべての観点から保育に重要な役割を果たしていると考えられる。本章「てあそびうた」の冒頭にも述べたように、手遊び歌は何かを育てるための手段とはならない。また、何かができるようになるといった目的をもった活動でもない。すなわち、この曲が歌えるように、あるいは、この動作ができるように、という指導をするものではないのである。

　子どもは歌うことと動くことが未分化である。指の細かい動作ができなくても、保育者や年上の子どもの動作をまねて、それなりに楽しむことができる。歌も歌える部分だけを歌って楽しむことができる。それを繰り返すうちに、その子なりの表現を身につけて発達していく。手遊び歌は、子どもが夢中になって遊んでいるうちに、自然に多くのことが身についていく魔法の教材と言えるかもしれない。保育者や仲間と一緒に遊んで楽しみを共有するという活動から、結果としてさまざまな発達が生まれてくるのである。上述の5領域のことを頭に置きつつ、まずは子どもと一緒に歌い、体を動かして楽しむことを第一に考えて行うことが大切である。

4. 手遊び歌の具体例 — 授業における展開 —

『保育内容指導法（音楽表現）』の授業において、毎回、手遊び歌にかかわる時間を 20 〜 30 分設けている。授業での展開は次の通りである。

10 人位ずつのグループを作り、一人が保育者役となる（毎回交替）。保育者役は、あらかじめ割り当てられた曲の手遊びについて、動きを調べたり考えたりして子ども役に教える。椅子に座っている子ども役の学生を誘導するところから始め、全員で手遊び歌をマスターし、グループごとに発表する。それぞれについて感想や意見を交換した後、各個人で「手遊び歌ノート」に整理する。

（手遊び歌ノート　表紙）

ここでは、学生が授業でまとめた「手遊び歌ノート」を提示しながら、具体的な手遊び歌を紹介する。

まず、一人でもできる手遊び歌として、手遊び歌の定番ともいえる「げんこつ山のたぬきさん」「大きな栗の木の下で」「いとまきのうた」「ごんべさんのあかちゃん」に注目する。次に、一人ではできない手遊び歌として、「なべなべそこぬけ」「はないちもんめ」「通りゃんせ」「かごめかごめ」を取り上げる。多人数での手遊びは、もはや"手"遊びではなく、体全体の動きを伴った"集団"遊びである。

げんこつ山のたぬきさん

(わらべうた)

　最後にじゃんけんをするじゃんけん歌である。昭和45年にNHKの『おかあさんといっしょ』の企画で、わらべ歌の「げんこつ山のたぬきさん」(下記掲載)に、香山美子作詞・小森昭宏作曲で続きの部分が作られた。この新たな「げんこつ山のたぬきさん」が放送されたことにより、もとのわらべ歌が全国的に広まったと言われている。新しく作られた「げんこつ山のたぬきさん」は、作詞・作曲ともに著作権保護期間中なので注意が必要である。

　　　げんこつ山のたぬきさん
　　　おっぱいのんで　ねんねして
　　　だっこして　おんぶして
　　　またあした

　わらべうたの「げんこつ山のたぬきさん」は、おおよそ以下の2種類のメロディーで伝承されている。

遊び方

① げんこつやまのたぬきさん　左右交互に重ねるにぎりこぶしをつくり
② おっぱいのんで　飲むしぐさをする口元でおっぱいを
③ ねんねして　左右のほおを順に当てる手を合わせ
④ だっこして　赤ちゃんをだっこする
⑤ おんぶして　おんぶするしぐさをする
⑥ また あした　手ふりもし　バイバイでジャンケンをする

遊び方のヴァリエーションの例

1. 一人で遊ぶ場合は、「またあした」で、じゃんけんではなく両手を高くあげる等の動作をする。
2. 二人組で遊ぶ場合は、冒頭に「せっせっせーのよいよいよい」（向かい合って両手をつないで上下にふる）を入れてもよい。
3. 二人組でじゃんけんをした場合、負けた子が勝った子を、おんぶか抱っこすることも可能。
4. 「たぬきさん」の箇所に、子どもの名前や他の動物の名前を入れてもよい。
5. まだじゃんけんができない子どもは、「またあした」で 1. の動作、あるいは、保育者が抱きしめる等の動作をする。
6. 一人で動作をすることができない小さな子どもは、保育者が子どもを膝に乗せて手を持って動作をすることもできる。

⓪せっせっせーのよいよい

おおきなくりの きのしたで

(外国曲)

　もともとはイギリス民謡であるが、終戦後、進駐軍の兵士たちが歌っていたものが広まったようである。作詞・作曲ともに不詳。下記に掲載した1番は、平多正於訳詞という説がある。この後に続く2番・3番もあるが、阪田寛夫の訳詞で著作権保護期間中である。

　NHKラジオの『うたのおじさん』という番組（昭和35〜39年放送）を担当していた歌手の友竹正則が、この曲を歌ったことにより全国に広まったと言われているが、詳細はわからない。教科書には昭和40年が最初の登場で、それ以来、小学校一年生の教科書を中心に平成7年まで掲載されたという[7]。

　　大きな栗の木の下で
　　あなたとわたし
　　なかよく遊びましょう
　　大きな栗の木の下で

（第4小節目の2拍目は、ハ音を四分音符で延ばしてイ音を歌わない歌い方もある）

遊び方

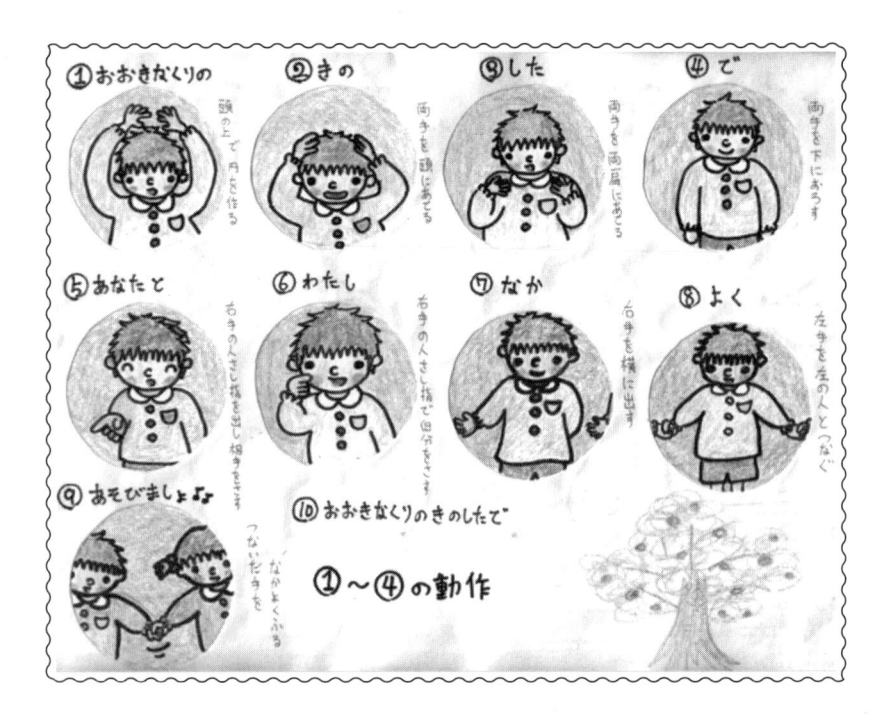

①おおきなくりの（頭の上で円を作る）
②きの（両手を頭にあてる）
③した（両手を両肩にあてる）
④で（両手を下におろす）
⑤あなたと（右手の人さし指で相手を指す）
⑥わたし（右手の人さし指で自分を指す）
⑦なか（右手を横にふる）
⑧よく（左手を横の人とつなぐ）
⑨あそびましょ（つないだ手をなかよくふる）
⑩おおきなくりのきのしたで ①〜④の動作

遊び方のヴァリエーションの例

1. 「大きな」の箇所に、「小さな」等と入れて、動作も合わせる。
2. 「栗」や「木」の箇所に、別のものを入れて動作も合わせて楽しむ。
3. 「杉の木」を入れて、フレーズの最後の休符のところでくしゃみをしても面白い。
4. 「なかよく遊びましょ」の箇所は、一人のときは、胸に手をあてて体を揺らす。

⑧なか（右手を左肩の方へ）
⑨よく（右手をそのまま左手を同様に）
⑩あそびましょ（両手を交差させたまま身体を左右に動かす）

第 3 章　手遊び歌

いとまき

（外国曲）

　原曲はデンマークの童謡で、作詞・作曲ともに著作権が消滅している。「いとまきのうた」「いとまき」あるいは「靴屋のおじさん」として知られている。原曲の歌詞に靴屋さんが出てくるからであろう。

　「いとまきのうた」も、下記掲載部分の後に、香山美子作詞・小森昭宏作曲で続きが作られている。後から作られた部分は著作権保護期間中である。

いとまきまき　いとまきまき
ひいて　ひいて　トントントン
いとまきまき　いとまきまき
ひいて　ひいて　トントントン
できた　できた
こびとさんの　おくつ

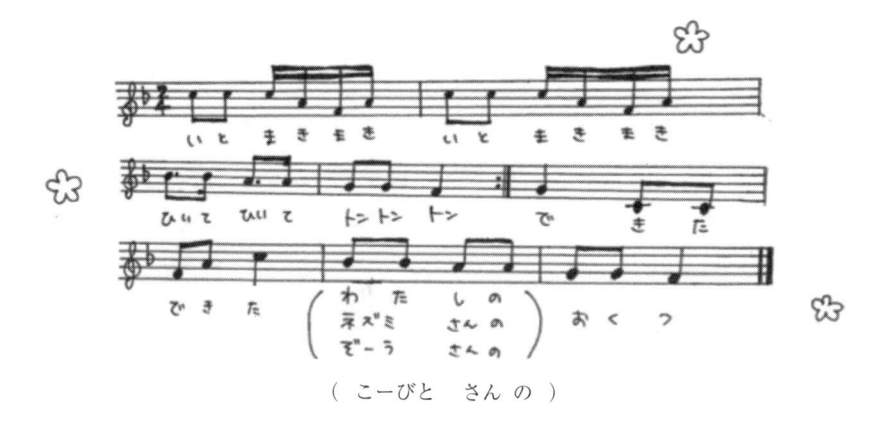

いとまきまき　いとまきまき
ひいて　ひいて　トントントン　できた
できた（わたしの／ネズミさんの／ぞーうさんの）おくつ
（こーびと　さんの）

遊び方

♪ いとまきまき いとまきまき
① 両手をげんこつにしてグルグル回す

ひいて ひいて
② それぞれの手を左右に引く

トントントン
③ げんこつを3回上下に打つ

できた できた
④ 両手をキラキラさせながら 頭の上から円を描くように横へおろす

わたしの おくつ
⑤ 両手でくつの形をつくる

（こびとさんの）

遊び方のヴァリエーションの例
1. 「こびとさん」や「おくつ」の部分に違う言葉を入れて楽しむ。
2. 「ぞうさん」など大きなものに替えた場合はゆっくり歌うなど、入れた言葉により、動作も合わせて表現の仕方を変える。
3. 「できた　できた」の後で止めて、「何ができたかな？」と声をかけて想像力を高める。
4. 「できた　できた」の箇所は、手拍子を8回する動作も可能。
5. 最後の「こびとさんのおくつ」の部分では、体を左右に揺らして楽しむ。

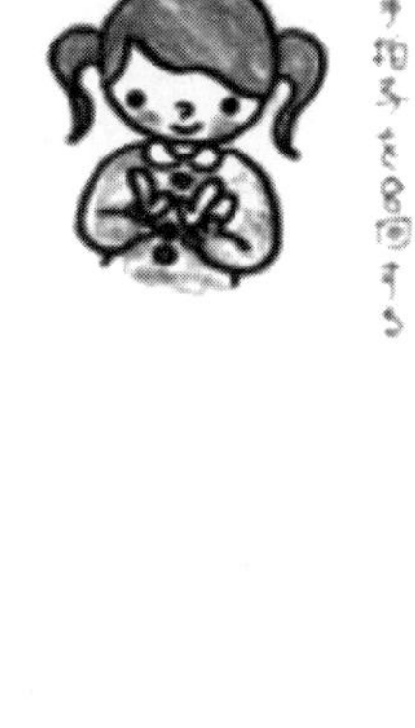

できた できた
手拍子を8回する

第3章 手遊び歌　49

ごんべさんのあかちゃん

（外国曲）

　曲はアメリカ合衆国の民謡「リパブリック讃歌」で、著作権はすでに消滅している。作詞はJASRACでは林慶次郎とされているが、著作権は信託されていない。この歌は替え歌が多く、某カメラ店のCMソング、阪田寛夫作詞の「友だち讃歌」、その他にも「おはぎがお嫁に行くときは」「オタマジャクシはカエルの子」などが知られている。

ごんべさんの　赤ちゃんが　かぜひいた
ごんべさんの　赤ちゃんが　かぜひいた
ごんべさんの　赤ちゃんが　かぜひいた
そこで　あわてて　しっぷした

遊び方

① 両手でほおかむりをし、あごで結ぶしぐさをする。

② 左向きで赤ちゃんを抱くしぐさをする。

③ セキを3回だすしぐさをする。

④ ①〜③をあと2回くり返す。

⑤ 手拍子を4回する。

⑥ 左手を肩にのせる。

⑦ 右手も左肩へのせよう。

遊び方のヴァリエーションの例

1. 「かぜひいた」の後に、くしゃみ「クシャン」・咳「コホン」などを入れる。
2. くしゃみ・咳を入れる回数を2回「クシャンクシャン」、3回「クシャンクシャンクシャン」と増やす。
3. 「ごんべさん」のところに子どもの名前を入れる。
4. 「ごんべさんの」で、ほっかむりの動作をするのが難しい場合は、最初から赤ちゃんを抱っこした仕草をする。
5. 湿布を貼る部位を具体的に示して動作をすることも可能。
6. 年齢が上の子に対しては、声を出さないで歌うサイレント・シンギング（口ぱく）の箇所を入れる。例えば「ごんべさんの」の部分を、声を出さないで歌って動作をする。次は「ごんべさんの　赤ちゃんが」の部分を同様にする。徐々に声を出さないで歌う箇所を増やしていくと面白い。

なべなべそこぬけ

(わらべうた)

　何人組でも楽しめるため、手を叩いた数の人数でグループを作るなど、大人に至るまでレクリエーションで活躍する遊びである。小学校の体育科で体ほぐしに利用されることもある。

　　なべなべ　そこぬけ
　　そこがぬけたら　かえりましょ

　　なべなべ　そこぬけ
　　そこがぬけたら　かえりましょ

第3章　手遊び歌　53

遊び方　2人組で、1回めで返った後、2回目で元に戻る。

① なべなべそこぬけ　そこがぬけたら
② かえりましょう
③ なべなべそこぬけ　そこがぬけたらかえりましょう

♪なべなべそこぬけ　そこがぬけたら　　かえりま　　　しょう

① みんなで手をつなぎ左右にゆらす
② 2人が通り道を作り、手をつないだまま みんなで通り抜ける
③ ひっくり返る

遊び方のヴァリエーションの例

1. 3人以上で手をつないで輪になる場合は、「かえりましょ」のところで、どこか1か所の手を高く上げてトンネルにしてくぐる。2回目で同様にして元に戻る。3人以上、何人でも可能。
2. クラス全員で大きな輪をつくると、反対向きの輪ができたときに、皆で一つのことをやり遂げた達成感が生まれる。
3. 「かえりましょ」の箇所に、動物・キャラクター・身近の物の名前を入れて変身する。
4. 「かえりましょ」の箇所に、動作（ごあいさつ、たべましょ、寝ましょ、かくれましょ）などの言葉を入れて、動作をする。

はないちもんめ

(わらべうた)

　2組に分かれて、メンバーのやり取りや問答を楽しむ遊びである。問答は地方によってさまざまに異なっている。

　この歌のルーツは、子買いであり、安く買おうとする側と子どもを渡すまいとする側の問答と言われている。しかし、「はないちもんめ」は、現在では楽しい遊びとなっている。

　「はないちもんめ」は漢字で書くと「花一匁」。匁＝もんめとは、尺貫法における質量の単位で、一匁は約 3.75 g である。

　問答にはさまざまなヴァリエーションがある。以下に、いくつかの例を示す。

1. 共通する問答
　問：勝ってうれしいはないちもんめ
　答：負けてくやしいはないちもんめ
　問：あの子がほしい
　答：あの子じゃ分からん
　問：この子がほしい
　答：この子じゃ分からん
　問：相談しましょ
　答：そうしましょ
　(相談後に)
　問：○○ちゃんがほしい
　答：××ちゃんがほしい
　(じゃんけんをする。負けた子が勝った子のグループに移る。)

最初から繰り返す。

2. 冒頭に、次のような問答が付加される場合もある。
　問：ふるさと求めてはないちもんめ
　答：ふるさと求めてはないちもんめ

3. 途中にさまざまな問答が入れられることもある。
　問：勝ってうれしい花いちもんめ
　答：負けて悔しい花いちもんめ
　問：隣のおばさんちょっと来ておくれ
　答：鬼が怖くて行かれない
　問：お布団かぶってちょっと来ておくれ
　答：お布団ぼろぼろ行かれない
　問：お釜かぶってちょっと来ておくれ
　答：お釜底抜け行かれない
　問：鉄砲かついでちょっと来ておくれ
　答：鉄砲あるけど弾がない
　問：あの子が欲しい
　答：あの子じゃわからん
　問：この子が欲しい
　答：この子じゃ分からん
　問：相談しましょ
　答：そうしましょ
　（相談後に）
　問：○○ちゃんがほしい
　答：××ちゃんがほしい
　（じゃんけんをする。負けた子が勝った子のグループに移る。）
　最初から繰り返す。

4.「あの子がほしい」の箇所で、「たんす長持ちあの子がほしい」という地方もある。

遊び方
　2組に分かれて向かい合い、隣の人と手をつなぐ。一方が前進して相手方は後退する。問・答ごとに前進・後退を繰り返す。歌は前進する方のグループが歌い、歌の最後で片足を跳ね上げて蹴るしぐさをする。片方のグループが誰もいなくなったら終了。

遊び方のヴァリエーションの例
1. 即興で問答を入れて、問答の面白さを楽しむ
2. （相談後に）「問：決〜まった！○○ちゃんがほしい」というように「決〜まった！」を合図として入れてもよい。
3. じゃんけんをするのは、指名された子でもリーダーでもよい。
4. 「じゃんけん」でなく、「にらめっこ」などをして遊ぶこともできる。

とおりゃんせ

（わらべうた）

　江戸時代から伝承されていたわらべ唄（江戸時代童謡）で、門くぐり遊びの歌である。大正10年に本居長世が編・作曲した「通りゃんせ」が広まり、現在に伝えられている。門番と子どもの親とのやりとりのようだが、意味を考えると不思議な歌詞である。舞台となった場所についても、埼玉県川越市の三芳野神社など諸説がある。

　曲の題名は、「とおりゃんせ」と平仮名で表記されることが多い。「とうりゃんせ」と表記されているものもあるが、「通る」の読みがなは「とおる」である。

　　通りゃんせ　通りゃんせ
　　ここはどこの細通じゃ
　　天神さまの細道じゃ
　　ちょっと通して下しゃんせ
　　御用のないもの通しゃせぬ
　　このこの七つのお祝いに
　　お札を納めに参ります
　　いきはよいよい帰りは恐い
　　恐いながらも通りゃんせ
　　通りゃんせ

遊び方

2人が手をつなぎ門となる。
あとの人は1列になる。

歌い終わったときに、門を下げて捕まった人が交替で門をつくる。

遊び方のヴァリエーションの例
1. 門の人は片手で門を作り、もう片方の手で通り抜ける人の肩やお尻を叩く。通る人はそれをすり抜けて遊ぶ。
2. 門の大きさに余裕があれば、2人ずつ手をつないで、門を2列で通り抜けることも可能。
3. 捕まった人に、内緒話で「○○が好きか？ ××が好きか？」と質問し、「○○」と答えた人のグループと、「××」と答えた人のグループに分けて、次の遊びや行動に移ることもできる。

かごめかごめ
（わらべうた）

　この歌も江戸時代から伝承されている。歌詞の意味を考えると不思議な歌詞である。地方によって異なるところもあるが、皆そのまま受け入れて楽しく遊んでいる。「通りゃんせ」の場合もそうであったが、わらべ唄には歌詞の意味が不明なものが多い。
　この遊びでは、中にいる子どもは、声の聞き分けようとして、仲間の声を注意深く聴くことになる。

　　かごめかごめ
　　かごの中の鳥は
　　いついつ出やる
　　夜明けの晩に
　　鶴と亀が滑った
　　後ろの正面だあれ？

「かごめ」の意味だけでも、数多くの説がある。
1. 籠目（竹で編んだ籠の編み目）を表す。
2. 囲め（かこめ）が訛ったもの。
3. 屈め（かがめ）が訛ったもの。
4. 籠目の形、六角形。
5. 籠目の形、六芒星。
6. 籠女（妊婦）。
7. 処刑場を囲んだ竹垣。

等々。

遊び方

> かごめ かごめ　かごのなかのとりは　いついつでやる　よあけのばんに

> つるとかめとすべった　うしろのしょうめん　だーれ

（歌い終わった時に、真後ろにいる人を当てる）

遊び方のヴァリエーションの例
1. 輪になって回る方向は一定方向でなく、歌詞の1行ごと、あるいは、2行ごとに反対方向に回ることも可能。
2. 人数が少ない場合は、「後ろの正面だあれ？」で、そのまま後ろにいる人を当てる。目隠しをしたまま（目をつぶったまま）、後ろにいる人を触ったりして、誰だか当てることも可能。
3. 人数が多い場合は、後ろにいる人が誰かを当てるのは難しいので、後ろの人が「だ〜れだ」と声を出す。「わんわん」「にゃ〜」など動物の鳴き声の真似をしても面白い。

参考文献

・森上史郎、柏女霊峰 編『保育用語辞典第4版』(京都:ミネルヴァ書房、2008年)
・保育小辞典編集委員会 編保育小辞典』(東京:大月書店、2006年)
・上 笙一郎 編『日本童謡辞典』(東京:東京堂出版、2005年)
・児島 輝美「保育教材としての手遊び歌の現状と課題 ─ データベースの作成を通して ─」
　(『徳島文理大学研究紀要』77、2009年) pp81-95
・文部科学省『幼稚園指導要領概説』(東京:フレーベル館、2008年)
・D.T.マクドナルド, J.M.サイモンズ『音楽的成長と発達 ─ 誕生から6歳まで』神原雅之他
　訳 (広島:渓水社、1999年)
・川崎洋『大人のための教科書の歌』(東京:いそっぷ社、1998年)

挿絵、題字、楽譜等作成者(順不同、「手遊び歌ノート」より)
小暮安由美、山越理加、小園江彩、山中梨菜、渡部杏里、冨岡由貴、千ヶ崎香理、井上摩耶、浅井優香、和田祥子

第4章
音楽活動時における保育者の言葉

1. はじめに：「音楽技能」≠「教育技術」

　保育園や幼稚園の1日の活動の中で、音楽を含んだ活動の占める割合は大きい。朝の歌や帰りの歌、おべんとうやおかたづけの歌、手あそびや身体あそび、リトミックに楽器を使った活動など、園生活の多くの活動に音楽が用いられている。「良い音楽活動とは何だろうか？」——この問いは、筆者が幼児教育・保育にかかわり始めたときに直面した問題である。保育園や幼稚園、また小・中学校などでも音楽の授業や音楽活動を多く観察し、また時には授業者として指導経験をしてきたが、現在も未だこの問いに対する答えを導くには至っていない。多くの保育者は、今より良くするにはどうすればよいか、ということを常日頃考えていることであろう。

　保育系の大学に進学を希望する高校生から、次のような質問を受けたことがあった。「私はピアノが苦手です。歌も得意ではありません。ピアノや歌ができないとやっぱり保育士になれませんか？」このような質問の背景には、一般に幼稚園教諭や保育士にはピアノや歌の技能が最低条件であるという考え方がある。また筆者は、短大における「幼児音楽教育法」という授業の初回に行う質問紙の中で、「音楽活動を行う上で保育者に求められる資質・能力とは何か？」という問いを設けている。その問いに対し、多くの学生が「ピアノが弾けること」や「弾き歌いができること」と回答する。こうした回答からも、上述の考え方が広く浸透してしまっていることが伺える。

　結論から述べれば、ピアノや歌の音楽技能があれば音楽活動を運営できるかというと、その関係は必ずしもイコールではない。そこには音楽技能だけでなく、教育技術が大きな比重を占めているからである。極端な話、音楽技能がな

くても、教育技術があれば良い音楽活動を行うことは可能だと筆者は考える。ただし、誤解がないよう述べておくが、音楽技能の向上が教育技術の向上につながることは相違ない。教育技術とは、言葉のかけ方や、教材・教具の提示方法などを含む、授業・活動の運営にかかわる指導者の教える技術のことである。教科によってその技術の特徴は異なるが、音楽ほど教育技術が必要な科目はないと筆者は考えている。

　本章では、音楽活動時における教育技術の中でも、特に保育者の「言葉」に着目する。それは、子どもに対する「指示」「発問」などを含む保育者の言葉かけ全般のことである。保育者の言葉ひとつで音楽活動がより良いものになる。逆に、間違った言葉によって、非効率的になったり、ねらいにそぐわない活動になったりもしてしまう。保育者の言葉に着目し、どのような言葉かけが効果的か、またそれがなぜ有効なのかを考察していきたい。

2. 音楽活動時における保育者の言葉

　音楽活動と一言で言っても、本章の冒頭で挙げたように、園生活においては音楽がさまざまな場面で用いられており、何をもって音楽活動というかは判断が難しい。ここでは設定保育で行われる音楽活動に限定し、その活動時における保育者の言葉を中心に考えてみたい。音楽活動時における保育者の言葉の種類を、(1)「呼びかけ・応答」(2)「指示」(3)「説明」(4)「発問」(5)「先歌い」の5つに分類することとする。

(1) 呼びかけ・応答
　何かの活動を始めるにあたり、どのような方法にせよ、子どもたちの注目を集めることが保育者には求められる。そのとき、保育者は子どもたちに対して「みんな、集まって！」とか、「静かにお椅子に座ってね」「今から手あそびしてみようか」などと呼びかけるような声かけをする。
　また、活動中は子どもたちからも保育者に対して質問や感想などさまざまな声が飛び交う。このときに保育者は発言した子どもに対する何らかの応答をす

る。「楽しかったね」「すごいねえ」などその子ども個人に対しての応答であったり、「○○ちゃんはこんな風に思ったんだって」などとクラス全員に共有するような呼びかけを行ったりする。

こうした呼びかけや応答は、音楽活動に限らずさまざまな活動においても行われており、日常の園生活の中で頻繁に交わされている言葉である。

(2) 指　示

「～してみよう」「～しましょう」「～してください」「～しよう」──言い方は異なるが、いずれも子どもたちに何らかの行動を促す言葉である。

何か活動を行う際、保育者は環境構成について事前に計画しておかなくてはならない。椅子の並べ方や教室の配置など、子どもたちをどのように動かし、どのように並べるかなどは、あらかじめ保育者が考えておく必要がある。また、その時にかける言葉も同様である。例えば、「さんぽ」の音楽などの音楽に合わせて歩いたり身体を動かしたりするとき、教室を広く使って、子どもたちを円状に並べることがある。このとき、経験の浅い保育者などは、つい「円になってみよう！」という言葉を使ってしまうことがある。しかし、「円」という言葉は、小学3年生で学習する言葉であるため、幼児に使うにはふさわしくないのである。この場合、「丸くなってみよう」や「輪っかになってみよう」「ドーナッツの形になれるかな？」など、幼児でも理解できる言葉を保育者は選ぶ必要がある。

(3) 説　明

手あそびの遊び方や、ダンスの動き方を子どもたちに教える際、保育者は言葉で説明するだけでなく、併せて身体を動かしながら説明する。また、歌唱指導においては歌詞の表わしている情景や物語の内容を想像させるように、補足的に説明することもある。

手あそびやダンスの振り付けを教える際、保育者は子どもと向かい合って行うことが一般的である。子どもたちと向かい合う場合、保育者は左右反対の手や足を動かす必要がある。これは視覚的にわかりやすくするためのものであ

る。言葉では「右」と言いながらも、保育者自身は「左」を動かさなければならないため、実際に行うには多少の練習が必要となる。

　経験の浅い保育者と熟練した保育者の違いのひとつに、説明のわかりやすさが挙げられる。例えば手あそびの説明をする際、経験の浅い保育者の場合、説明の多くを言葉に頼ってしまい、子どもはその説明を聞くだけになってしまう傾向がある。一方、熟練した保育者は、身ぶり手ぶりを交えながら説明し、言葉は簡潔で的確である。そして実際に手あそびを進めながら説明を細かく入れていく。こうすることで、子どもは身体を動かしながら頭でも理解し、手あそびを習得していくことができる。

(4) 発　問

　子どもたちに何か考えさせる最も有効な手段は、この発問であろう。発問によって、その活動がより良くなるか、あるいはねらいにそぐわないものなってしまうかが決まると言っても過言ではない。

　例えば「今，どんな音がした？」と子どもたちに聞けば、「音」に対して敏感になり、それまでよりも多く耳を働かせるようになるだろう。何か質問をすると、必ずそれに対する答えを考えるようになる。子どもたちにどのようなことに注目してもらいたいか。それを示す手段が発問である。

　指導案にもどのような発問を保育者がするか、具体的にフルセンテンスで書くとよい。その発問の後子どもたちがどのような反応をするかなど、想像しやすくなるからである。具体的であればあるほど、保育者のねらいが生きた活動が行えるのである。

(5) 先歌い

　「先歌い」とは、歌いながら、あるいはピアノ伴奏を弾きながら次の歌詞を先導したり、ダンスであれば次の動作を先導することである。歌いながら、あるいは踊りながら次のことを指示する「先歌い」は、保育における活動の中でも、特に音楽活動時に行われることが多いものである。「ラジオ体操」を想像すればわかりやすい。「ラジオ体操」では「腕を前から上に上げて大きく背伸

びの運動から」などと、音楽よりも先に動きの指示が入る。これが「先歌い」である。

　先歌いは子どもたちが自信を持って歌詞を歌うことができるようにするための配慮である。これはある程度音楽を専門に学んできた者でさえ難しい技術である。ピアノの弾き歌いの場合、右手、左手、ペダル、歌、歌詞など、脳の中でさまざまなことを同時に考えて手・足・口を動かさなければならないため、ピアノ初心者にとっては至難の業である。しかし、この技術が身につけば、テンポの良い指導が可能となる。音楽技能の向上は、確実に教育技術の向上につながるのである。

　このように、「呼びかけ・応答」「指示」「説明」「発問」「先歌い」の5つが設定保育の音楽活動時における保育者の言葉の種類である。このように分類することで、保育者の言葉を整理することができ、自らの保育活動の計画、または振り返りのための材料となる。

3.「AさせたいならBと言え」

　本節では、音楽活動を行う上で特に重要だと思われる「指示」と「発問」に焦点を当て、いくつかの事例の中でどのような言葉かけが好ましいかを検討してみたい。まず、「指示」や「発問」の言葉を考える上で有益な言葉を紹介したい。「AさせたいならBと言え」――これは岩下（1989, 2011）によって提唱された「子どもの心を動かす」言葉の原則である。岩下によれば、この原則によって、「子ども達を知的に動かすことができる」ようになり、また「子ども達は知的に動くようになる」と述べている[1]。具体的に2つの事例を紹介しよう。

(1) リコーダーの指導

　小学3年生の音楽の授業の一コマ。内容はリコーダーを初めて扱うときの指導である。

初めの指導はなかなかむずかしい。子どもは，ガバッと深くくわえるからである。

「深すぎる」と言えば、今度は、口先にチョンとつけるだけ。一人ひとり見て回って、口のつけ方は、どうやら、オーケー。

さて、音を出す。多くの子は、いっぺんに息を吹き入れる。すごい音が出たあとは、あっという間にしりすぼみ。「もっと、ゆっくり息を入れなさい」子ども達は、おそるおそる吹く。音がとぎれてしまう。大騒動したあげく、結局，個人指導になる。「リコーダーって難しい！」ということになる。

ところが、画期的な指導法がある。口のつけ方も、息の入れ方も、両方を一気に教えてしまい、すばらしい音が出るようになる。時間にして、十秒とかからない。わずかひとことの言葉によってである。

<u>「小さなシャボン玉を少しずつふくらますように吹いてごらんなさい」</u>

子ども達は、シャボン玉のストローに向かうように、笛に口をつける。すると、笛をくわえる深さが決まってくる。

・少しずつシャボンをふくらませようとする。
　→強すぎると、割れてしまった思い出がよみがえる。
　→口元にできた小さなシャボン玉を、順番にふくらませていく。
　→その結果、ゆれのない音が続けて出てきたのである。[2]

以上のAにあたる「させたいこと」とBにあたる「指示」の言葉をまとめると、次のようになる。

A「させたいこと」	B「指示」の言葉
①笛に対する口のつけ方を教えたい ②息を少しずつ吹き入れ、安定した音を出させたい	小さなシャボン玉を少しずつふくらませるように吹きなさい。

シャボン玉をふくらませる，という小学3年生の子どもたちにとってイメージしやすい表現によって、リコーダーの息の入れ方を指導している。口のつけ方や，息の入れ方などを直接的に表現するのではなく、イメージしやすいものに置き換えて間接的に表現していることがわかる。

(2) 合唱の呼吸法の指導

　もう一つの事例を紹介しよう。岩下修は、次の斎藤喜博による合唱指導時の言葉を持ち出して、それに高い評価を与えている。つまり

<u>「財布のなかにお金をいっぱい入れておくのです。けれども一度に使ってしまっては駄目です。少しずつ大事に使い、しかも使っている間にも新しいお金を入れているのです。</u>(『斎藤喜博全集』6巻、p.479)」

　これは、合唱指導の際の呼吸法の説明である。財布という身近な物の提示もすばらしいが、「使っている間にも新しいお金を入れる」という表現が見事だ[3]。

と語る。以上のAにあたる「させたいこと」と、Bにあたる「指示」の言葉は次のようになる。

A「させたいこと」	B「指示」の言葉
①歌う前に息をたっぷりと吸わせたい ②歌うときに息を少しずつ使い、一息を長く歌わせたい	財布のなかにお金をいっぱい入れておくのです。けれども一度に使ってしまっては駄目です。少しずつ大事に使い、しかも使っている間にも新しいお金を入れているのです。

　斎藤は、合唱の呼吸について、肺を財布に、息をお金に例え、説明している。お金という目に見えるものに例えることで、目に見えない息のイメージが具体的になるのがわかる。一息を長く歌わせるために、「少しずつ大事に使い」、また、新たなブレスをするときに「新しいお金を入れ」ると表現している。このように、イメージを具体化するには、直接的な表現よりも間接的な表現の方が伝わりやすいということがあるようである。このことについては次節において後述する。

　岩下は上に挙げた事例以外にも多くの言葉を紹介しているので、ぜひ参考にされたい。次節において、岩下の「AさせたいならBと言え」にならい、保育における音楽活動の事例の中でどのような言葉かけが効果的なのか、考察を進めたい。

4. 保育における音楽活動の事例

　保育における音楽活動にはさまざまなものがあるが、本節では筆者が短大の授業や、幼稚園等で行っている (1)「震源地ゲーム」(2)「なべなべそこぬけ」(3)「宝さがしゲーム」(4)「新聞紙回し」の4つの活動に絞って、それぞれの活動の効果的な「指示」「発問」の言葉を考察する。「AさせたいならBと言え」の「B」にあたる言葉を考えることで、保育における音楽活動をより魅力的にすることがねらいである。

(1)「音はどこから変わっているかな？」——震源地ゲーム[4]

　「震源地ゲーム」の遊び方は次の通りである。
- 輪になってイスに座る。
- オニが部屋の外に出ている間に震源地（リードして叩く人）を決める。
- 震源地の人は、身体の部位を叩いたり、こすったりして、自由に身体を動かす。他の全員は震源地と同じ動きをする。
- オニは震源地が誰かを当てる。

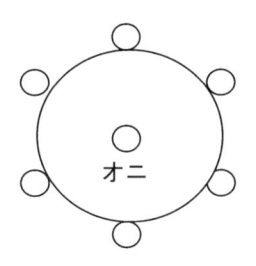

輪の外側の誰かが震源地
図1　震源地ゲーム

　震源地の人はオニに気づかれないように叩く場所を変え、また、他の全員もオニに気づかれないように視線等に気を配る。オニがその場でくるくると向きを変えながら、誰が震源地かを当てるというシンプルなゲームである。さまざまな立

場の心理状態が見え隠れするような、ドキドキする遊びのひとつである。
　この「震源地ゲーム」を行うと、参加する子どもたちは無意識のうちに視覚的な情報ばかりに注意が行きやすい。そのため、オニの人はキョロキョロと見まわしながら震源地が誰かを探す傾向がある。もちろん目でも楽しめるゲーム内容ではあるが、より音楽的に面白くするためのポイントがある。それは、「耳」を使うことである。
　次のような言葉をかけると、それまでのゲームが一変して、また違う面白さが味わえる。

<u>「オニの人は、音の変わり目をよく聴いてごらん。音はどこから変わっているかな？」</u>

　この言葉をかけると、オニの人はキョロキョロするのをやめ、その場であまり動かなくなり、また時には目を閉じて、音の微妙な変化を聴きとろうとする。すると不思議なことに、それまでなかなか当てられなかった人も途端にわかるようになり、ゲームが面白いように進むのである。
　動きの変化によって、そこに鳴り響く音にもわずかながら変化が起こる。猫や犬などの身近な動物も、目よりも先に耳が働き、身の危険等を察知する。人間にもそのような能力が備わっているにもかかわらず、日常生活の中で忘れられてしまっているようである。そのような耳の働きや音の微妙な変化を聴きとる能力に気づかせてくれる言葉だと思われる。

A「させたいこと」	B「発問」の言葉
①オニに震源地の人を当てさせたい ②動きによる音の変化に気づかせたい	オニの人は、音の変わり目をよく聴いてごらん。音はどこから変わっているかな？

(2)「鏡になってみよう」──なべなべそこぬけ
　「なべなべそこぬけ」は、昔から伝わるわらべうたであり、現代でも子どもたちに人気のある身体遊びである。遊び方は次のようである。

・2人組になり，向かい合って両手をつなぐ。
・歌に合わせて手を左右に振る。
・「なべなべそこぬけ　そこがぬけたら　かえりましょう」の「かえりましょう」で手をつないだまま身体をくぐらせ，背中合わせになる。
・再び歌に合わせて「かえりましょう」で元にもどる。

　歌の最後にお互いの身体を反転させるというところに、この遊びの面白さがある。向かい合って両手をつないだ状態から、手を離さずにお互いの身体を反転させて背中合わせになるというのは、視覚的にも面白く、お手本を見せると子どもたちは「すぐやってみたい！」と目を輝かせる。しかしながら、いざやってみると、すぐにできる子どもとできない子どもとが必ず出てくる。これは、2人の身体を反転させる向きを合わせなければできないためである。たまたま同じ向きになればうまくひっくり返り、反対の向きになれば身体がねじれてしまう。
　そこで、保育者はこのように言う。

<u>「2人で鏡になって動いてごらん」</u>

　手をつないだ状態で2人の真ん中に鏡を立たせるとどうなるか、ということを想像させる。鏡だったら必ず同じ向きに動くため、反対方向に動いて身体がねじれてしまうということはなくなる。2人で手をつないだ状態を鏡に見立てることで、子どもは知的に動くようになり、身体を反転することができる。背中合わせの状態から元に戻る時も、鏡を意識することでできるようになる。
　この「なべなべそこぬけ」は、これで終わりではない。2人だけでなく、その発展として4人組、8人組と数を増やしていくことも可能である。まず4人組になってやらせてみると、同じような要領ではなかなかうまくいかない。どうしたらひっくり返れるかを考える時間を設けることも重要だが、煮詰まってしまったら保育者がこのような言葉をかけるとよいだろう。

「ひとつだけトンネルをつくって、そこをみんなでくぐってみよう」

　4人で手をつないでいる状態から、ひとつだけ手を上げてトンネルをつくる。トンネルの間を全員がくぐることで、うまく背中合わせの状態にできる。再び元に戻る場合も同じように、トンネルをひとつだけつくり、そこを全員がくぐることでできる。3人以上の人数の場合、この要領で行えば何人でも行うことができる。「ひとつだけトンネルをつくる」という遊びのポイントを伝えるだけで、途端に全員ができるようになるのである。

A「させたいこと」	B「指示」の言葉
①2人で身体を反転させたい ②3人以上で身体を反転させたい	①2人で鏡になって動いてごらん ②ひとつだけトンネルをつくって、そこをみんなでくぐってみよう

(3)「スローモーションになってみよう」——**宝さがしゲーム**[5]
　「宝さがしゲーム」は、楽器を使ったゲームである。ルールさえ理解できれば、まだ楽器を手にしたことのない子どもでも楽しめるため、器楽導入時の活動として大変適したゲームである。次のような流れでゲームを進める。

・宝物（ビー玉やおもちゃなど，何でもよい）をさがすオニを決める。オニ以外の人には鈴、カスタネットなど、楽器を持たせる。（楽器がない場合は手拍子などでもよい）
・オニは部屋の外に出てもらい、その間に宝物を部屋のどこかに隠す。
・オニが宝物を持っている人に近づいたら、だんだんと持っている楽器を大きく鳴らしていく。逆に遠ざかったら、だんだんと小さく鳴らしていく。
・オニはその音だけを頼りに宝物をさがす。
・宝物をさがし当てたらみんなでオニに対して拍手をし、オニを交代する。

　「宝さがしゲーム」はとても手軽で簡単に遊べるゲームである。オニは音を聴いたり、オニ以外の全員はオニに宝物の場所を知らせたりすることに一生懸

命になる。言葉で場所を教えられないので、自然と音の強弱などを学習することができるのである。

　中にはなかなか宝物を見つけ出せない子どももいる。そのような時、保育者はどのような言葉をかけてあげるのが良いだろうか。

「オニの人は，音が大きくなってきたら、スローモーションになってみよう」

　音の大きさで宝の場所を示すこのゲームでは、オニ以外の楽器を持った人たちは、オニの動きを見ながら音の大きさを調整する必要がある。オニが速く動いてしまうと、音の大きさも急激に変化してしまう。だんだんと大きくしたり小さくしたりするには、オニがゆっくりと動けばよいのである。そうすることで、どこがいちばん大きいか、どこを離れると音が小さくなるかを判断することができ、宝物をさがし当てることができるようになるのである。しかしながら、単に「ゆっくり動いてみよう」と言っただけではあまり効果はなく、「スローモーション」という言葉を用いることで、具体的な動きを想像しやすいのである。

A「させたいこと」	B「指示」の言葉
①オニに宝物を見つけ出させたい ②ゆっくりと動いてもらいたい	オニの人は、音が大きくなってきたら、スローモーションになってみよう

(4)「どうやったら音がしないかな？」——　新聞紙回し

　新聞紙は音遊びをする上で大変優れた道具である。新聞紙ひとつで多様な音が鳴る。こする、叩く、はじく、ゆする、破る…。どのような鳴らし方でも容易に音が鳴り、また決して同じ音にはならない。新聞紙から出すことのできるいろいろな音に親しむのも楽しい音楽活動となるであろう。

　しかしながら、その音の多様性から、音の変化に意識が向かないこともある。そこで、保育者は次のように言葉をかける。

「新聞紙の音が鳴らないように回すことはできるかな？　どうやったら音がしないかな？」

　音の存在に気づいてもらうために、あえて音を出さないようにするのである。発想の転換である。子どもたちは、この意外な言葉にはっとする。どうやったら音がしないかを考え始めるのである。新聞紙の音がしない持ち方、渡し方、受け取り方などを考える。新聞紙をそっと手のひらで持ったり、しわが出ないように両端を均等に引っ張ったりと、子どもたちは自らがいちばん良いと思えるやり方で新聞紙の音が鳴らないように工夫する。指先や腕には緊張が走り、何より耳が働くようになる。そして、周りのみんながどのようにやっているかをよく観察するようになる。子どもたちに、音の存在に気がつかせるために、逆に音を出さないようにすることは、結果として子どもの思考に直接的に働きかけることとなり、音に対して非常に敏感になるのである。

A「させたいこと」	B「発問」の言葉
①音の存在や変化に気づかせたい。	新聞紙の音が鳴らないように回すことはできるかな？　どうやったら音がしないかな？

5. なぜ間接的指導言がわかりやすいのか

　前節では、保育における音楽活動の中で効果的な「指示」「発問」について考察した。これらの言葉かけは、第2節で紹介した「AさせたいならBと言え」の「B」の言葉にあたる。ここでは、Aにあたる言葉を「直接的指導言」、Bにあたる言葉を「間接的指導言」と呼ぶこととしよう。なぜ直接的指導言よりも間接的指導言の方が伝わりやすいのであろうか。

　岩下によれば、この間接的指導言によって「子ども達は知的に動くようにな」り、「Aという状況とBという言葉の間に生じる落差が、心を動かす」のだという[6]。Aという状況の中で、Bという意外な言葉が発せられることにより、子どもの思考を働かせ、子どもが自ら考えて動くようになり、結果、指導者の

指示も通りやすくなるであるという。AとBとの落差を埋めようとして働く好奇心こそが、子どもを知的に動かすことのできる要因のひとつであると考えられよう。

　このBという間接的指導言を見つけるためには、どうすればよいだろうか。岩下によれば、Bという間接的指導言には共通する原則があるという。それは「①物、②人、③場所、④数、⑤音、⑥色」のいずれかを含んだ表現である。岩下の言葉を借りれば、「ゆれのないモノ」である[7]。ここからは、前節で挙げた4つの音楽活動から考えてみたい。

　(1)の「震源地ゲーム」の例の場合、「音はどこから変わっているかな？」という発問によって活動がより面白くなる。ここでは、オニの人に「動き」という視覚的な情報ではなく、「音」という聴覚的な情報に視点を変えることが目的である。すなわち、岩下の原則通り、「音」という表現が含まれていることがわかる。

　(2)の「なべなべそこぬけ」では、「鏡になって動いてみましょう」や「ひとつだけトンネルをつくってくぐってみよう」という言葉であった。「鏡」や「トンネル」というのは、その動きを誘導するための「物」であり、また「ひとつだけ」という「数」を限定した表現も含まれていることがわかる。やはりこれらも原則にしたがっている。

　(3)の「宝さがしゲーム」では、「スローモーションになって動いてみよう」という動き方に関する指示である。単に「ゆっくりと」ではなく、「スローモーション」という具体的な指示によって考えて行動させることができる。これはビデオ映像などの「物」を連想することによって、その記憶から具体的な動きを想像することができるのである。

　(4)の「新聞紙回し」では、「どうやったら音がしないかな？」という、「音」に関する発問である。音に気がつかせるために、逆に音を鳴らさないためにはどうすればよいかを、子どもたちに考えさせるための言葉である。

　このように、「指示」や「発問」の言葉を考える際に、「AさせたいならBと言え」という発想をもとに考えることは非常に有効だと思われる。Bにあたる言葉は幾通りも考えられる。したがって、ひとつの方法に固執するのではな

く、常に言葉を探し、進化させていくことが重要であろう。

6. おわりに：言葉を変えれば子どもが変わる、保育者が変わる

　これまで述べてきた通り、ピアノや歌が得意なだけでは、子どもたちにとって楽しく学びのある音楽活動を展開することは難しい。音楽技能の向上は教育技術の向上につながりはするが、二者はイコールではない。そこで問われるのは保育者の教育技術である。そこで、音楽活動時における保育者の言葉、中でも「指示」と「発問」の言葉に注目してきた。「指示」や「発問」の言葉を考えることで、保育者は事前に、「活動をどのように進めたらよいだろうか」「この言葉かけをすることで子どもたちの反応はどうなるだろうか」などと、活動の展開を具体的にイメージすることができる。もちろん、その時の子どもたちの様子や状況、環境等によって、保育者のかける言葉は自然と変わってくるであろうし、経験を重ねることによって、より良い方法が見つかるかもしれない。言葉を考えることは、保育者自身の教育技術の向上に結び付くものと確信している。

　言葉によって変わるのは、子どもだけではない。最も変わるのは保育者自身である。子どもを知的に動かすことのできる技術は、保育者をも変えることとなる。この言葉の探索に終わりはない。子どもたちの成長とともに常に進化させ続けていかなければならないものであり、それは確実に保育者自身の成長へとつながるだろう。

注
1）岩下修『AさせたいならBと言え―心を動かす言葉の原則―』（明治図書、1989年）12頁。
2）同上書、20〜22頁。
3）同上書、56〜57頁。
4）細田淳子『わくわく音遊びでかんたん発表会』（すずき出版、2006年）40頁。
5）同上書、25頁。
6）岩下修『AさせたいならBと言え―心を動かす言葉の原則―』42頁。

7）同上書、112〜115頁。

参考文献
・秋田喜代美「数える経験に伴う授業イメージの変容 ― 比喩生成課題による検討 ―」『教育心理学』第44巻第2号（1996年）176〜186頁。
・岩下修『AさせたいならBと言え ― 心を動かす言葉の原則 ―』（明治図書、1989年）
・岩下修『改訂新版　続・AさせたいならBと言え ― 心を動かす言葉の原則 ―』（明治図書、2011年）
・学校授業工場研究会編『若い教師のための　授業づくりのポイント』（学陽書房、2009年）
・佐伯胖『幼児教育へのいざない ― 円熟した保育者になるために ―』（東京大学出版会、2001年）
・佐藤学『教育の方法』（左右社、2010年）
・勅使千鶴『子どもの発達あそびの指導』（ひとなる書房，1999年）
・豊田君夫『これだけは知っておきたい 保育の禁句・保育の名句』（黎明書房，1997年）
・橋本啓紀「教育実習における授業技術の習得 ―『発問』を事例として ―」『広島大学大学院教育学研究科紀要 第三部』第50号（2001年）241〜248頁。
・細田淳子『わくわく音遊びでかんたん発表会』（すずき出版，2006年）

第5章
日本語表現を童謡の中に探る

1. わらべ唄から小学唱歌、童謡への流れ

　19世紀半ば、圧倒的な力で西洋列強が日本に迫ってきた。当時の日本は、天下泰平を謳歌した江戸時代も250年が経ち、国内的に制度疲労の段階に差しかかっていた。長年の鎖国政策によって海外事情に疎く、対外交渉の稚拙さが露見した。国が滅ぶという緊迫した情勢に直面して、日本は徳川将軍の主導する幕藩体制を自ら打ち破り、西洋の文物を導入して、改めて欧米風な近代国家として出発することになった。その歴史的な事件が明治政府の樹立である。政治、社会、経済、文化、ありとあらゆる分野でその影響が及んでいった。もちろん、子どもの周辺も例外ではあり得なかった。本節では、主要テーマである「子どもと歌の表現」に絞って、簡単ながら概観しておく。

　明治政府は、子ども全員の義務教育を施す方針を立てて、欧米に倣った近代的な小学校の設立を計画した。江戸時代の識字率は、世界有数の高さを誇ったが、それは主として、庶民向けの寺子屋や武士の藩校などでの教育が充実していたためであった。だが、近代社会の発展を目指そうとすれば、身分制の壁を取り払い、普通教育を等しく施す必要があった。明治政府は全国津々浦々に小学校を設けて、児童全員の入学を期した。ところが、政府の国庫は裕福とは言えなかった。近代化のために、外国人指導者の高額雇用、新設の庁舎や官営工場の建設、港湾とか鉄道とか道路とかの整備、先進の機械設備の輸入など、お金がいくらあっても、足りないくらいだった。小学校制度は中途半端になるところだったが、既存の寺子屋を転用させてもらったり、町村の有力者からの寄進で建設がはかどったりして、初等教育が順調に拡充していった。すでに江戸時代に篤農家、名主などの有力者が私財を投げ打って郷学校を作り、子弟教育

を請け負っていた。それをも利用した。言い換えれば、江戸時代の成熟した社会運営、公への奉仕意識、教育熱心な人々の存在は、西洋の近代社会と比べても決して引けを取らなかったのである。その意味では近代化成就の直前にまで達していた。世界中の非西洋の国でいち早く近代化ができたのは、そうした条件が整っていたからである。

　初等教育の制度設計で一番厄介だったのは、音楽教育であった。他の教科と同様に、西洋の仕組みに倣って導入しようとしたところ、当局は戸惑ってしまった。というのは、欧米における音楽という科目では、教会の讃美歌を生徒たちに歌わせ、宗教教育と合わせて情操教育を実施していたからである。日本はキリスト教国ではない。音楽科目で歌を歌わせるにしても、「唱歌」から宗教色を取り除いたら、どうなるのか。そもそも「唱歌」とは何か。明治初期の指導者は欧米化の壁にぶつかり、大変難しい課題が突き付けられた。日本の伝統音楽を活用するというのはどうか。その場合、琴に合わせた曲、すなわち箏曲（そうきょく）や三味線、都都逸（どどいつ）（三味線の伴奏に歌詞が七・七・七・五の四句からなる俗曲）、尺八、歌舞伎、浄瑠璃、横笛、篠笛、能楽、雅楽が想定される。また唱歌としては声明（しょうみょう）や民謡、謡曲、朗吟、子ども用のわらべ唄が候補に挙げられよう。だが、新政府の責任者はもっと新しい音楽教育を考えていたので、邦楽や庶民の伝統音楽を採用するわけにはいかなかった。それゆえ、考えあぐねた結果、「唱歌」という音楽科目は「当分、これを欠く」と保留せざるを得なかった。

　明治15年に文部省は、洋行帰りの伊沢修二の提言を受けて、音楽取調掛の部署を設けて、伊沢をその責任者にすえた。彼は、精密な楽譜がないなど、日本の音楽は劣っていると見なし、合理的なヨーロッパ音楽（洋楽）の導入を決定した。その方針に沿って、次のように措置した。

①取り敢えず「外国調の唱歌」を学校で教え、在来の日本の歌は排除する。
②伊沢は『小学唱歌集』を編集し、それが全国の小学校で教材として用いられるようになった。掲載された曲は「蝶々」（スペイン民謡？　ドイツの唱歌集から採用？）、「むすんでひらいて」（フランス人・ルソーの作曲）、「蛍の光」（スコットランド民謡）、「仰げば尊し」「庭の千草」「故郷の空」

「埴生の宿」などであった。

③これら外国の曲に野村秋足や里見義（ただし）、大和田建樹などが、日本語の歌詞を付けた。例えば、『蝶々』の歌詞は、野村秋足が日本のわらべ唄を元に作った。アイルランド民謡『庭の千草』の原曲は"The Last Rose of Summer"であるが、それに対して里見義は「♪庭の千草も虫の音も／枯れて寂しくなりにけり／ああ、しらぎく、ああ、しらぎく／ひとり遅れて咲きにけり」というように作詞した。当時の日本では、薔薇は馴染みのない花だった。

④当初、教材の中核は「外国調の唱歌」だったけれども、後には日本人が作詞・作曲した小学唱歌も登場してくる。

⑤教材の選定に際して、米国人（アイルランド系）の音楽教師・メーソンが、この種の外国の曲を推奨した。いずれも旋律がほとんど「ファ」と「シ」を使用しない音階、つまりヨナ抜き音階であり、日本のもの（五音音階）と類似する ──「ドレミファソラシ」：「ヒフミヨイムナ」。節回しも日本の旋律に近い。そのために、日本人に抵抗なく受け入れられると考えた。実際、しみじみと日本人の心に訴えかけるものがあり、心情的にもそういう反応であった。

だが、その結果、在来のわらべ唄は音楽教育とはまったく関係がなくなった。それは学校外での子どもの遊び道具にとどまる。子どもたちは、授業で不自然な形を強いられて、歌わせられた。嫌々歌っていた生徒もいた。一旦、学校が終わって校門を出ると、委縮した心は解き放たれて、自分たち本来の歌を思いっきりのびのびと歌った。わらべ唄は自然な声で歌えるところが、子どもにとって魅力だった。大きな声で話をするのと同じ声で歌う ── これこそは、わらべ唄を歌っている時の発声状態である。したがって、どれほど多く、どれほど長く歌っても、疲れることはなく、音痴もいなかった。西洋音楽は腹式呼吸で発声し、日本民謡のように喉の器官を用いたこぶし発声法と異なる。よほど無理をして、発声しなければ、日本人には歌うことは無理だった。音痴が生まれるはずである。異なると言えば、生活のリズムにも、稲作民と狩猟遊牧民との違いが見られる。日本のリズムは2拍子で、田んぼで右足と左足を静か

に動かして歩くところから生まれる。他方、西洋の場合、

> リズムは強・弱・弱のリズムだし、曲の形式は、だいたい4小節ずつきちんと組み合わされた構成になっているし、それに何よりもドミソとかソシレというようなハーモニーが付いている。日本の音楽にはもともとそういうがっちりと縦に積み重ねられたハーモニーはなかったから、このハーモニーなどは、とくに日本人にとって異質だったわけだ[1]。

　ただし、西洋の基本は2拍子ではなくて、馬に乗る生活感から生まれたリズムであり、強・弱・弱の3拍子であることを言い添えておく。やがて日本で言文一致運動が起きる。そのことは日本語の近代的な改革を意味するが、要は書き言葉を話し言葉に近づけることを目指した。これまでは、日常では口語体で考えたり話したりしながら、改めて手紙や文書を綴る段になると、日常からまったくかけ離れた古風な文体表現を使用していた。そうなると、自分の素直な心情をありのままに、心に思い浮かぶ言葉を正確に伝えることにはならない。二葉亭四迷（「だ」調の考案者）や山田美妙（「です、ます」調の考案者）、尾崎紅葉（「である」調）など、作家の間で疑義の声が起きて、変革に向けて、実践的な試みが意欲的に続けられた。

　明治20年頃から文部省の主導する唱歌の分野にあっても、言文一致の唱歌創作に傾倒していった。そのような精神から、東くめの「お正月」、作詞作曲不詳「鳩」（♪ぽっぽっぽ／鳩ぽっぽ／豆がほしいか／そらやるぞ）、同じく「茶摘み」や「桃太郎」、石原和三郎の「ウサギとカメ」など平易で、子どもたちに馴染みやすい易い歌が次々と生み出された。これらは初期の「小学唱歌」と区別して、「学校唱歌」とか「文部省唱歌」とかと呼ばれることもある。

　大正時代に入ると、新ジャンルに位置づけられる「童謡」の誕生が見られる。その趣旨は、もっと砕けた日常生活の感覚に近い歌を尊重すること、それを子どもたちに提供することにあった。活動の中心的な役割を果たしたのは、児童雑誌『赤い鳥』である。雑誌の主宰者・鈴木三重吉は「童心主義」の理想を掲げて、童話童謡や作文などを通じて子どもの活動に寄与しようとした。それは教育界だけに留まらず、広く世間の支持を得た。童謡部門では、北原白秋の「雨」（♪雨がふります　雨がふる／遊びにゆきたし　傘はなし／紅緒の木

履（かっこ）も　緒が切れた）、や西條八十「かなりや」が有名である。
　また『赤い鳥』発刊に刺激を受けて、その翌年に『金の船』（後に『金の星』と改名）が創刊された。この雑誌からは、野口雨情の「十五夜お月さん」や「赤い靴」「証城寺の狸ばやし」など、子どもの心に寄り添った名曲が生まれた。
　このように明治初期に文部省が異質な音楽を採り入れたことをきっかけとして、「童謡」という特有のジャンルが日本で開花した。音楽はおそらく、精神構造や心理状態、また習俗よりもはるかに身近な身体感覚に根差すものであろう。言い換えれば、それは奥深い文化基底部に潜むものなので、異質な音楽を、その文化的土壌に移植するには、相当な困難を伴うはずである。古来、中国の宮廷雅楽や仏教の声明など近隣から受容した歴史は確かにある。しかし西洋音楽は、私たちの地理的位置関係から見れば、地球の裏側で発展した文化である。受容と定着には何倍もの努力が求められよう。もとより日本の長所は、あらゆる輸入文化の良し悪しを選別し、その中から自家薬籠中の物に変質させる才能に富んでいる点にある。童謡の歩みも同じ過程をたどった。多種多様な童謡が現在、貴重な財産のように私たちの掌中にある。先人の努力の結晶である童謡を大いに活用する — このことを忘れてはならないと思う。

2. 各童謡の歌詞によるジャンル分け

　次節で取り上げる童謡を分類すれば、「子どもの心情歌」「遊び歌」「叙景歌」「季節歌」「抒情歌」「行事歌」「昔話唱歌」「乗り物歌」というように分けられる。ここで具体的な童謡が、そのように分類できる判断基準をここで確認してみよう。
　まず子どもは、内面的にも外面的にもともすれば、外界からの刺激に心が揺らぎがちである。大したことでもないのに、たちまち反応して、寂しさや恐れ、不安、喜び、嬉しさ、思いやりなど、さまざまな感情が湧き上がる。心の内面の未成熟の度合いに比例して、外界からの刺激に弱いのである。そうした心情の綾に着目して、創作された歌が「子どもの心情歌」である。次の「遊び歌」というのは文字通り、遊びに伴って歌われるものである。古くからの「わ

らべ唄」、すなわち「あんたがたどこさ」や「通りゃんせ」などもこの部類に入れてよい。前者のわらべ唄は、子どもたちが手まり歌としてよく歌い、後者の唄は、「かごめかごめ」などと同じように集団遊びで用いられる。

　さらに日本の子どもたちの生活世界に目を向けてみると、基本的にそこは、日本の風土に包まれた豊かな環境にある。今日の都市生活では、身近に自然を感じることはなかなか困難かもしれないが、父祖の代への郷愁として引き継がれていよう。現状でも都市空間から離れると、豊かな自然を実感できる。この美しい日本の自然や風景を歌ったものは、「叙景歌」として一括りにまとめることができる。なかでも四季の移り変わりは、日本の風景でくっきりと目に見えるので、童謡でもそうした特有の季節感にもっぱら焦点を当てたものが存在する。それを、ここでは「季節歌」と呼ぶことにする。一方、「抒情歌」(「叙情歌」とも書く)というのは、風景を詠みながらも、「抒情的自我」＝「詩的自我」、平たく言って「私」が、詩の基点に据えられているところに特色がある。それは言い換えると、私の心情が濃密に感じられ、詩の描く世界で前面ににじみ出ていることを意味する。それゆえ、この種のグループは「抒情歌」の名称を用いて、「叙景歌」とも「季節歌」とも区別されてよいものと考える。

　日本ほど自然が豊かで、四季の変化において起伏に富む場所はほかにない。北海道の大地から沖縄の南洋の島々に至るまで日本は、南北三千kmにまたがる地域的広がりを持っている。気候区分の観点から見れば、珍しく亜寒帯 ― 温帯 ― 亜熱帯で構成されている。北海道が余すところなく、白一色になった同じ時点で、南の先島諸島は目もくらむほどの太陽に照らされている。そればかりか、日本の風土に身を寄せてきた人々は、どの場所でも生活を営むうちに、季節折々の移り変わりを強く自覚させられる。「いい塩梅に晴れてきました」「いつまで雨が続きますかね」「寒くなりましたね」などと、日頃の挨拶が天候や時節への言及になるのは、その現われであろう。そのおかげで私たちは単調な日常に、飽きない変化の濃淡を味わうことができる。鬱陶しい梅雨、それはそれで案外、季節の変化および推移を感じるといった意味で気分転換にもなるのである。

　日本人が勤勉だという評判は、世界中から寄せられているが、「晴れの日」

があってこそ、長く続く「褻（ケ）の日」に耐えられるともいえる。辛いこの仕事を終えれば、楽しいひと時が待っているのだ。例えば、春先からの田仕事に従事して、秋の実りを迎えると、収穫の喜びを祝う。日々の努力の積み重ねが秋祭りをもたらすのである。そして冬の農閑期に英気を養う。秋祭りだけでなく、長期にわたる「褻」の期間にも、春祭りから始まり夏祭りやその他の「晴れ」の行事を執り行って、「褻」の大変な時間を乗り越えようとする。日常のマンネリを破る鎮守のお祭り ― 言い方を変えれば、私たちは年中行事とともに、張り合いのある人生を送ることができる。その意味からも、幼稚園や保育所で、季節感を意識した行事や日本の文化風習に根差した伝統的な行事を子どもたちに経験させることは、大変有意義なことである。その際に、祝祭に関連した童謡を歌って、行事を盛り上げる。その歌詞を探れば、行事に係わる説明と行事内容を教えてくれる。こうした童謡を「行事歌」と名づけておこう。園の先生方は、園児に理解させるかどうかは別にして、自らは歌詞の内容に精通しておくべきものと考える。

　第1節で述べたように、明治時代に入って、義務教育のなかで音楽を教えるようになった。文部省は新たに『小学唱歌』を作り、子どもに歌わせた。その一部であるが、文部省は日本古来の昔話や伝説、神話をテーマに選んで、子どもたちに提供した。それをここでは、「昔話唱歌」と名付けた。また「乗り物歌」については文字通り乗り物をテーマに歌ったものである。乗り物は子どもの特性から判断して、最も喜ぶもののひとつであり、それに関する歌が頻繁に作られている。

　一応、童謡は以上のように8種類に分類できよう。次節からは美しい、生き生きとした日本語を理解するために、そしてまた子どもの生態を知るためにも、特にいくつかの童謡を選び出して、具体的な歌詞を一つひとつ分析・解説していくことにする。

3. 童謡の個別例の分折と解説

①子どもの心情歌『叱られて』（作詞：清水かつら　作曲：弘田龍太郎）

♪叱られて　しかられて
　あの子は町まで　お使いに
　この子は坊やを　ねんねしな
　夕べさみしい　村はずれ
　コンときつねが　鳴きゃせぬか

♪♪叱られて　しかられて
　口には出ささねど　眼に涙
　二人のお里は　あの山を
　越えてあなたの　花の村
　ほんに花見は　いつのこと

【語句・表現の説明】

○「コンと」：狐の鳴き声は日本語の擬声語では「コン」ないしは「コンコン」と表記する。
○「あなた」：ここでは二人称の相手のことではなく、空間的に自分や相手から遠い所を指す時の方向、向こう側の意味。「あなた」「かなた」は漢字で書くと「彼方」となり、「こなた（此方）」とは反対語の関係にある。

【解説】

　清水かつらと弘田龍太郎のコンビは、「靴が鳴る」「雀の学校」など今日にまで残る有名な童謡を数多く創作した。この曲も1920（大正9）年に雑誌『少女号』（『赤い鳥』発刊の2年前に創刊）に発表したものである。どの曲であれ、詩想や曲想というものがあって、それに基づいて詩人や作曲家は童謡を創造するものである。したがって、普段から詩人や小説家は職業柄、身の周りの出来事に敏感にならざるを得ない。

　清水かつらは小さい頃、母親と生き別れた。母親は弟が病気で亡くなった時、満足のいく医療手当てを施してあげられなかった自分を責め立てて、自殺を試みた。未遂に終わった母親はとうとう離縁され、実家に戻った。かつら4歳の出来事である。小学校6年の時、父は再婚したが、その間、8年間というもの母親不在の家庭で少年期を過ごした。離別後、かつらは実母に一度し

か会っていない。会えば、実母が亡き弟を想い出し、辛い気持ちになるだろうと考えたからだった。「人に歴史あり」である。このような幼少年期の経験が、子どもの本性に密着させたような認識と表現を生み出したのであろう。

作曲家の弘田龍太郎は幼稚園の園長をしていた。また『赤い鳥』の童謡運動に早くから共鳴した人物である。日常的に彼は子どもの姿を注視する習慣ができていた。「叱られて」の創作に当たっては、弘田が学校の裏手に住んでいた時に、近所の女の子が親に叱られて泣きながら、お使いに行く姿を想い出して、それを拠り所に作曲したという。

曲の内容面に話を移すなら、まず「叱られて」と言う言葉に注目してよい。分別のある大人が、未熟な子どもの非をなじって、教育的指導をする行為が「叱かる」ということである。叱られたことから直接に帰結するわけではなかろうが、「あの子」は町までお使いにやらされて、「この子」は坊やのお守り役を言いつかる。「この子は坊やをねんねしな」という表現は、丁寧な説明を加えると、「この子」が「ねんねしな」と語りかけながら赤ん坊を寝かしつけようとしているように読める。

この子らは二人であり、幼い兄弟姉妹のいずれかと考えられる。そして叱られる子どもと叱りつける大人は特殊な関係にあることが推測される。ここの大人は、二人が奉公に出ている家の雇い主であるか、少なくとも里子として二人を受け容れた養父か養母であろう。2番の「二人のお里はあの山を／越えてあなたの花の村」は、そうした判断から最も適切な理解が導き出せるであろう。二人は何かにつけて叱られる日々が続き、つらい思いをしている。声を出して泣くわけにもいかない。だが自然に目から涙が浮かんでくる。二人の望みは、懐かしい故郷の里に帰ることである。故郷の村に花が一杯咲いていた記憶が、いの一番によみがえる。そのことに続いて、家族で花見をした楽しい思い出が浮かんでくる。この先、いつになったら、花見ができるのだろう。最終行の「ほんに花見は　いつのこと」は「いつのことだったか、忘れてしまった」と夢のような過去の記憶をたぐっていると解釈できなくもない。しかしながら、むしろ微かな希望であったとして、二人の子どもが幸せを摑もうとする気持ちを大切にして、未来への淡い期待の意味合いを、この最終行に察知できよう。

「五木の子守唄」に通じる心情が感じ取れる。肉親から引き離された子どもが、どれほど悲しく不安な気持ちを抱き続けるものか。こうした心の動揺も、子どもの紛れもない一面である。

②叙景歌『冬景色』（作詞：武島羽衣か佐佐木信綱か？　作曲：岡野貞一？）

　　　♪さ霧消ゆる湊江（みなとえ）の
　　　　舟に白し　朝の霜
　　　　ただ水鳥の声はして
　　　　いまだ覚（さ）めず　岸の家

　　　♪♪烏（からす）啼（な）きて木に高く
　　　　人は畑（はた）に　麦を踏む
　　　　げに小春日（こはるび）の　のどけしや
　　　　かえり咲（ざき）の花も見ゆ

　　　♪♪♪嵐吹きて　雲は落ち
　　　　時雨（しぐれ）降りて　日は暮れぬ
　　　　若（も）し燈火（ともしび）の　漏（も）れ来ずば
　　　　それと分かじ　野辺（のべ）の里

【語句・表現の説明】
○「さ霧」の「さ」：意味がなく語調を整えるための接頭辞
○湊江：船着き場となっている入り江。
○水鳥：水かきで水面を遊泳し、また水辺に棲息する鳥。
○「麦を踏む」：麦の芽を踏むことで、麦の根張りをよくし、麦を強くする。
　それは冬どきの一般的な農作業だった。
○小春日：冬なのに、春のように暖かな日のこと。
○「げに〜のどけしや」：「本当にのどかだなあ」という詠嘆の気持ちを表わす。
○かえり咲：暖かくて、もう一度花が咲くこと。
○時雨：晩秋から初冬にかけての通り雨で、パラパラと降って来る。
○「それと分かじ」：「そこに村里があるとはわからない」の意味。

○野辺の里：野原にある村里のこと、寂しい村を暗示している。

【解説】
　歌詞は3節からなり、以下のように定型的な形式美のなかで展開される。すなわち、
　　第1節：舞台は朝の海辺で、ひっそりとした清々しい朝の情景を描き出す。
　　第2節：舞台は昼の畑に移り、活気と田舎ののどかさを併せ持つ昼の情景を描く。
　　第3節：舞台はさらに村里の夕暮れの情景へと変じ、ここでやっと歌のタイトルにふさわしく、厳しい冬の夜の景色を演出する。
内容を簡単に要約すれば、
　　第1節：霧が晴れて見えてきた港には、舟が停泊している。朝の霜が降りて、舟は白色だ。水鳥の鳴き声だけがして、岸の人家はいまだ眠ったままである。
　　第2節：カラスが高い木の上で鳴き、人は畑で麦踏みをしている。こうした光景を眺めていると、本当に春ののどけさを感じるなあ。春の陽気に誘われて、もう一度咲かせている花も見える。
　　第3節：嵐が吹いて、雲は低く垂れこめる。時雨が降って、日は暮れてしまった。もし人家から灯りが洩れてこなかったなら、ここに村里があるなどとは想像できまい。

　曲は、ゆったりとした長調で、3拍子の快く美しいメロディーで構成されている。格調高い歌は口ずさんでいるだけで、美しい日本語の響きに快く感じる。そして歌詞と共に情景が浮かんでくる。確かに現代の子どもの生活感覚からはかけ離れていようが、詩趣に富む歌は、私たちの伝統的な美意識を呼び覚ますことができる。
　なお、ここでは歌詞を詩編と捉えたので、第1節、第2節（第1連、第2連とするのも可能）などと名づけたが、あくまでも童謡という歌なのだと理解すれば、1番、2番と呼ぶべきだろう。最終的にはどちらを選択決定しても、

差し支えはない。

　この歌詞を創作したのはだれか。文部省唱歌の場合は、どのような曲も作詞者、作曲者の名前は明かさなかった。文部省が著作権を買い取り教科書に載せたために、原則非公開としたからである。戦後、著作に対する意識が改めて高まるにつれて、作者を調べて、それが判明しだい公表されるようになった。「冬景色」の調査にも入ったが、これだという決め手がなかった。当時作詞担当の委員だった8名のうち「夏は来ぬ」（次の③を参照のこと）の佐佐木信綱、また「花」（♪春のうららの隅田川～）の武島羽衣の名が、候補者として挙がる。佐佐木は美文家といっても、万葉調の風格が持ち味である。その点、武島は古今和歌風の優雅で繊細な作風の流派を継承しているので、武島による作詞の可能性が非常に高いとされる。

③季節歌『夏は来ぬ』（作詞：佐佐木信綱　作曲：小山作之助）

　　♪卯の花の　匂う垣根に
　　　時鳥　早もきなきて
　　　忍音もらす　夏は来（き）ぬ

　　♪♪♪橘の　かおる軒端の
　　　窓近く　蛍とびかい
　　　怠（おこた）りいさむる　夏は来ぬ

　　♪♪五月雨の注ぐ山田に
　　　早乙女が　裳裾ぬらして
　　　玉苗植うる　夏は来ぬ

　　♪♪♪♪おうち散る　川辺の宿の
　　　かど遠く　水鶏こえして
　　　夕月涼しき　夏は来ぬ

【語句・表現の説明】
○卯の花：卯木（ウツキ）は、初夏に五弁の白い花を咲かせる。この花の白さを兎（ウサギ）にたとえて、「卯の花」と言われるようになった。兎の古名は「卯」である。花ウツキ、卯の花垣などと万葉の時代から詩歌に詠まれ、時鳥（ほととぎす）との組み合わせでよく出てくる。ここもその伝統に従っている。
○忍音（しのびね）：初夏では時鳥（ほととぎす）がまだ声を秘めるようにしてしか鳴かないのだが、その声のことを「しのびね」と言う。
○「夏は来ぬ」：「来ぬ」は「こぬ」ではなく、「きぬ」と読ませているので、「夏

は来ない」ではなくて、反対に「夏は来た」の意味である。
○五月雨（さみだれ）：サは五月、ミダレは水垂の意味である。陰暦五月に降る長雨、梅雨のこと。
○早乙女（さおとめ）：五月雨が降りだす頃に、田植えを始める女性のこと。紺がすりの田植え着と襷（たすき）を新調して、女たちは田圃に降り立ち、裳裾（もすそ）を濡らしながら苗（なえ）を植えた。裳とは、古代の女性が腰から下にまとった衣のことで、「裳裾」は詩歌の伝統を踏まえた表現である。
○玉苗（たまなえ）：早苗（さなえ）と同じ。苗代から田に移して植える頃の若苗。
○軒端（のきば）：軒は屋根の下端、建物の外部に差し出した部分である。その端側を「軒端」と言う。
○「怠り諫（いさむ）る」：なまけていると、蛍が駄目ですよ、と忠告すること。
○楝（おうち）：落葉の喬木であるセンダンの古名。喬木とは、人間の背丈以上の樹木のことを指す。
○水鶏（くいな）：夏の水辺で、夜から明け方にカタカタと鳴く渡り鳥の一種。

【解説】
　この曲は平易なヨナ抜きの長音階で、さわやかな印象を与える。流麗な名曲である。各連が五・七・五・七・七の短歌形式で詠まれ、最後は「夏は来ぬ」で終わる。歌詞はその意味が部分的に難解ながらも格調高く、順次歌っていくにつれて、日本の初夏の風物が眼前に浮かんでくる。光景を眺めている「詩的自我」の存在はほとんど希薄であり、夏の光景に埋没している。3番の「軒端の窓近く　蛍とびかい」は、中国の故事「蛍雪の功」（本書99〜100頁を参照）を踏まえている。
　歌詞の大意を紹介しておくと、

①垣根に早くも時鳥がやって来る。しのび音で微かにさえずりを響かせている。まだ初夏だが、夏が来たのだ。

②五月雨が降り注ぐ山田で、早乙女が裾を濡らす。そして苗を植えていく。夏は来たのだ。
③橘の花が薫ってくる軒端の窓近くで、蛍が飛び交う。けだるい気候に怠けていると、蛍が注意を促す。夏は来たのだ。
④おうちの花が散り、川辺にある宿の門を出た遠方では、水鶏が鳴いている。夕日が夜の涼しさを運んでくる。夏は来たのだ。

　日本は地震、火山噴火、台風などの風水害が目立つが、反面で四季折々の豊かな自然に恵まれた美しい国でもある。人々は花鳥風月の風物の変化で、四季の移ろいとその到来を感じる。「秋来ぬと／目にはさやかに見えねども／風の音にぞ／驚かされぬる」（三十六歌仙のひとり・藤原敏行）という名歌があるが、「夏は来ぬ」でも夏の風物を予感して、夏の訪れを自覚する。こうした繊細な感性が豊かな情緒を育むのである。季節歌の童謡は、私たちが生活する上での原点でもある。子どもの情操教育の観点からも季節歌を使いたいものである。多くの季節歌の中から、本書では「早春賦」「夏は来ぬ」「紅葉」「冬景色」を、それぞれ春・夏・秋・冬における代表歌として曲名を挙げておく。

④『汽車ポッポ』（作詞・作曲：本居長世）

　　♪お山の中行く　汽車ポッポ　　♪♪機関車と機関車が
　　　ポッポ　ポッポ　　　　　　　　まえ引き　あと押し
　　　黒いけむを出し　　　　　　　　なんだ坂　こんな坂
　　　しゅ　しゅ　しゅ　しゅ　　　　なんだ坂　こんな坂
　　　白いゆげふいて　　　　　　　　とんねる鉄橋　ポッポ　ポッポ
　　　とんねる鉄橋　とんねる鉄橋
　　　とんねる　とんねる
　　　とん　とん　とんと　のぼり行く

⑤季節歌『茶摘み』（文部省唱歌　明治45年制作）

♪夏も近づく八十八夜
　野にも山にも若葉が茂る
　「あれに見えるは茶摘みじゃないか
　あかねだすきに菅（すげ）の笠」

♪♪日和つづきの今日此頃を
　心のどかに摘みつつ歌う
　「摘めよ摘め摘め摘まねばならぬ
　摘まにゃ日本の茶にならぬ」

【語句・表現の説明】

○八十八夜：立春から数えて88日目。現行の太陽暦だと5月1日か2日かの日である。畑仕事、茶摘み、養蚕などの農作業が多忙をきわめる時期である。

○「茶摘みじゃないか」：「茶摘みではないか」が変化した形で、推量の意味を表わす。

○「茜襷（あかねだすき）に菅（すげ）の笠」：田植えとか茶摘みとか、農村で働く女性の決まった服装。赤色のたすきを掛けて、菅の草で編んだ笠をかぶって、まとまって作業をした。「菅笠」という一般的な言い方があるのに、「菅の笠」と歌わせている。ここを五音符にするために、助詞の「の」を入れて表現した。

○「日和（ひより）」：おだやかに晴れた天気。晴天のこと。

○「摘まにゃ」：「摘まねば」が変化したもの。打ち消しの仮定条件を示す。「摘まないと」の意味。

⑥叙景歌『海』（文部省唱歌）

♪松原遠く　消ゆるところ
　白帆の影は　浮かぶ
　干網（ほしあみ）浜に高くして
　鷗（かもめ）は低く　波に飛ぶ
　見よ昼の海　見よ昼の海

♪♪島山　闇に　顕（しる）きあたり
　漁火（いさりび）光淡し
　寄る波　岸に緩くして
　浦風かろく　沙（いさご）吹く
　見よ夜の海　見よ夜の海

【語句・表現の説明】
○「松原遠く消ゆるところ」:「陸岸の松林がかすんで見えなくなるずっと彼方に」の意味。
○白帆（しらほ）:船に張った白い帆のことだが、転じて「船」の意味である。
○干網:漁で使った網は、破れた所を繕う必要がある。その後、天日の浜辺で干す。その干し網のこと。
○「著きあたり」:際立ってはっきりしている様子。
○漁火:魚を漁船に引き寄せるために、焚（た）く火のこと。現在は電燈の集魚灯を使うのが一般的である。
○浦風:浜辺を吹く風のこと。浜風。
○沙（いさご）:小さい石や砂。ここでは浜辺の砂の意味である。

【解説】
1番:松林が霞んで見えなくなる遠い彼方に白い帆の船が浮かんでいる。浜辺には網を高く干し上げて、カモメは低く波間を飛ぶ。穏やかな昼の海だ。
2番:海に浮かぶ島々は、夜の闇の中でシルエットのようにくっきりと浮かび上がる。その周辺では、漁をする船が漁火を輝かせている。足元では、穏やかに寄せ波が動き、海風が浜辺の砂を軽やかに吹き飛ばしている。それ以外は何も見えない闇の世界だ。

　遠近、高低、昼夜といった対比的なイメージが、一幅の絵のように巧みに描写されている。1番で昼の海の情景を歌い、2番になると、夜の海の情景を歌う。1番と2番を併せて、海の全貌が明らかにされる。

⑦抒情歌『浜辺の歌』（作詞：林古渓（こけい）　作曲：成田為三）

♪明日浜辺を　さまよえば　　　　♪♪ゆうべ浜辺を　もとおれば
　昔のことぞ　しのばるる　　　　　昔の人ぞ　忍ばるる
　風の音よ　雲のさまよ　　　　　　よする波よ　かえす波よ
　よする波も　かいの色も　　　　　月の色も　星のかげも

【語句・表現の説明】
○あした：早朝のこと。夜が明けた「浅時（あさじ）」という言葉があり、それが「あした」に転じた。
○「さまよえば」：「当てもなく散歩すると」の意。
○「もとおれば」：「同じところをぐるぐると廻り歩けば」の意。
○「ゆうべ」：日が暮れて暗くなり始めた頃。1番の「あした」とは対比的関係にある。また現代語のなかで探っていくと、主として現代語では昨晩のことを「ゆうべ」と言い、「あした」は明日のことを指す言葉である。ここでは古語の意味で使っている。
○星の影（かげ）：古語では「影」は光が射したことで目に映った物のことを意味するので、「星の光」のことになろう。
○「昔のことぞ忍（しの）ばるる」：「昔のことばかりが思い出される」の意。自発を表わす助動詞「る」が、係り結びの助詞「ぞ」（強調の意味）が用いられたために、「るる」と連体形になった。
○「しのぶ」：1番の「しのぶ」は平仮名で表記し、漢字で示せば「偲ぶ」であり、懐かしみ、思い慕うことを意味する。2番は「忍（しの）ぶ」となっており、林古渓は意図的に「じっと耐える」という意味をそこに付加する。

【解説】
　夏の海は人々で賑わい、真夏の太陽を浴びて、きらりきらり海が輝いていた。この詩の季節は、そうした活発な時が終わりを迎えて、静けさと落ち着きを取り戻した秋のことであろう。明るさの中にもどこか寂しげなものが漂い、「私」（詩的自我）は感傷的な哀感に浸っているようである。
　1番、2番共に散策をしながら、思い出が頭を駆け巡っていくのだろう。2番の場合は、「昔の人ばかりが忍ばれてくる」とある。「昔の人」は忘れ難い特別な人である。恋人との残念な別れが過去に起こったのかもしれない。今、悔恨の情と共に、悲しみにじっと耐えている。
　原詞は全4節からなっていた。けれども、大正7年に雑誌『音楽』の誌上で発表した時、長すぎるとの理由で編集者が、古渓には断りなしに3番の前

半と4番の後半をつなげて、新たに3番を仕立てた。それで現在は、2番まで
が歌われ、演奏されている。
　「失われた3番、4番には、古渓の恋人が湘南海岸で転地療養をして元気に
なった様子が書かれていて、古渓の本当の気持ちが織り込まれていたと思いま
す[2]」。古渓はこのようなことを、NHKの「歌のおばさん」で親しまれた安西
愛子に述べていたという。いずれにしても、この歌詞はその不可解さを越え
て、人の情に訴えかける秀作に違いない。この曲が世間に知られるようになる
と、青春期を迎えた若い女性に熱烈に支持されたことは、安西証言を考えても
十分に肯けることである。

⑧叙景歌『砂山』（作詞：北原白秋　作曲：山田耕筰）

　　　♪海は荒海　向こうは佐渡よ
　　　　すずめなけなけ　もう日はくれた
　　　　みんな呼べ呼べ　お星さまでたぞ

　　　♪♪暮れりゃ　汐（しお）鳴りばかり
　　　　雀ちりぢり　また風荒れる
　　　　みんなちりぢり　もう誰も見えぬ

　　　♪♪♪帰ろ帰ろよ　ぐみ原わけて
　　　　雀さよなら　さよならあした
　　　　海よさよなら　さよならあした

【語句・表現の説明】
〇汐鳴り（しおなり）：海水の満ち引きする際の騒がしい波の音。
〇ぐみ原：「ぐみ」は、高さが1〜2メートルあるグミ科の灌木の総称。山地
　にも海岸にも自生する。

【解説】
　「海は荒海　向こうは佐渡よ」──簡潔だが、実に的確にこの詩の舞台風景が
描き出される。それを背景にして、子どもたちの遊ぶ姿が、連想作用で湧いて

くる。しかし活発に動き回る時間は終わりに近づく。もう帰る時間だと、子どもたちは互いに告げる。2番は、浜辺から雀も子どももいなくなり、生き物の不在を語る。動くものは自然の風だけである。3番になると、子どもたちは、海岸近くのグミの原っぱを通って、家路へと急ぐ。雀と海に別れを告げる。日々、遊んでいる子どもたちの姿が、雄大な自然の営みの懐で点景的に描写される。それも、どちらかと言えば荒涼とした風景に包まれて描かれている。主な焦点は日本海の荒々しく寂しい海辺に定められる。

　この「砂山」という童謡には、山田耕筰によるものと中山晋平の作曲になるものと、2種類の曲が存在する。晋平は伝来の唄の節回しを生かして作曲する。庶民的な晋平の作品に比べて、耕筰は西洋の歌曲風な仕上げ方になっている。まったく別世界の現象が展開されているように、印象づけられる。同じ歌詞ながら、これほどまでの違いが感じられるのは稀なケースであろう。

　1922（大正11）年6月、新潟市教育会有志は、童謡詩人の北原白秋を招き、童謡の詩についての演目で講演会を開いた。市内の小学校からは6年生が2千人あまり参加した。

　全員で童謡を歌う会を催して、白秋を歓迎した。「雨」（♪雨が降ります　雨が降る～）や「あわて床屋」（♪春は早うから川辺の葦に）など白秋の作品を選び、一同で歌った。いたく感激した白秋は、それに応える形で、新潟をテーマにした童謡を作ることを約束した。

　その日の夕方、学校の先生方と一緒に白秋は、佐渡ヶ島をはるか彼方に臨む寄居浜を散歩し、荒海を眺めながら詩想を練った。日本海は、当時自分が住んでいた小田原や湘南海岸の明るい海、また生まれ故郷である南国九州の海とはまるで違っていた。その風景に強烈な印象を受けた。小田原に帰ってから、白秋は新潟で見た荒海の様子を想い出しながら、「砂山」の歌詞を綴ったのだった。

⑨子どもの心情歌『十五夜お月さん』(作詞：野口雨情　作曲：本居長世)

　　♪十五夜お月さん　御機嫌（ごきげん）さん
　　　婆（ばあ）やは　お暇（いとま）とりました

　　♪♪十五夜お月さん　妹は
　　　田舎へ　貰（も）られて
　　　ゆきました

　　♪♪♪十五夜お月さん　母（かか）さんに
　　　も一度　わたしは　逢いたいな

【語句・表現の説明】
○十五夜：陰暦の8月15日である中秋、その名月の夜

【解説】
　1920（大正9）年に発表された。わらべ唄の「♪うさぎ　うさぎ　なに見て　はねる　十五夜お月さま　見てはねる」をヒントにして、作られた和風のメロディーが印象深い。お母さんは死別か離婚かの原因で家を不在にしている。妹が田舎の親戚の家に貰われて、去って行ったので、母親が死別した可能性が高い。ばあやも暇を取っていなくなった。女の子（そのほうが詩趣にぴったりする）は一人残された。子どもは大人よりも精神的にも社会的にも自立できていないので、家族関係の喪失はきわめて深刻な状態に追い込む。こうした脆弱さは子どもの特徴であり、そのことがはっきりと表現されている。

⑩叙景歌『紅葉』(作詞：高野辰之　作曲：岡野貞一)

　　♪秋の夕日に　照る山紅葉　　　♪♪渓（たに）の流れに　散り浮く紅葉
　　　濃いも薄いも　数ある中に　　　波にゆられて　離れて寄って
　　　松をいろどる　楓や蔦は　　　　赤や黄色の　色さまざまに
　　　山のふもとの　裾模様　　　　　水の上にも　織（お）る錦

【語句・表現の説明】
○「山紅葉」：カエデ科の落葉喬木。
○「松をいろどる」：カエデやツタの色合いが、松の緑を際立たせること。松は一年中、緑の葉を絶やさない常緑樹であり、したがって元旦の門松に松を飾るのも、その永遠の生命を感じさせるからである。キリストの生誕祝いに飾る欧米のクリスマスツリーも、同じような考え方に根差す。もともとゲルマン社会には、常緑樹であるがゆえに神聖と思われていたモミの木を崇める風習があった。クリスマスツリーの習慣は、キリスト教がその思想を利用した結果である。なぜ12月25日がキリストの生誕日（実際は2月である）となっているかと言えば、この日は、ローマ人によって定められた冬至の祝日に当たるからである。彼らにとって冬至は、1年の生まれ変わりを象徴する日だった。
○楓（かえで）：茎が手のひらのような形状をしており、秋には赤色や黄色に色づく。
○蔦（つた）：つる状になって、立木に絡まり寄生しながら成長していく。この木も秋には紅葉する。
○「波にゆられて離れて寄って」：散った紅葉が谷川に落ちて、水の流れに翻弄されて、岸部に向かって離れたり近づいたりする。
○錦（にしき）：金糸や銀糸などで華麗な文様を織り出した織物の総称。転じて文様が美しいものの譬えに用いる。

【解説】
　1番は、秋の夕日に照らされた紅葉の様子が歌われる。松の緑のあちこちに、濃い色や薄い色に紅葉した楓や蔦が生い茂る様子は、まるで山のふもとに裾模様を描いたようで美しい。2番では、散ってしまった紅葉の葉が、山の渓流に流されていく様子が歌われる。川の水面を覆い隠してしまうようにして、漂い流されていく様子は、錦の織物に譬えられるほど美しい。
　この詩の舞台は、碓井峠を越えていく信越本線の沿線の景色である。横川駅と軽井沢駅の間に熊の平という駅があった。高野辰之はその付近からの眺めを

詠んだと推測されている。

⑪行事歌『仰げば尊し』（文部省唱歌、作詞：不詳　作曲：不詳）

　　　♪仰げば尊（とうと）し　わが師の恩
　　　　教えの庭にも　はや幾年（いくとせ）
　　　　思えばいと疾（と）し　この年月
　　　　今こそ分かれめ　いざさらば

　　　♪♪互いに睦（むつ）みし　日ごろの恩
　　　　別るる後にも　やよ忘るな
　　　　身を立て名をあげ　やよ励めよ
　　　　今こそ別れめ　いざさらば

　　　♪♪♪朝夕なれにし　学びの窓
　　　　蛍のともしび　つむ白雪
　　　　忘るる間（ま）ぞなき　ゆく年月
　　　　今こそ別れめ　いざさらば

【語句・表現の説明】
○仰（あお）ぐ：尊敬の念をもって見上げること。ここでは先生を尊敬に値する人生や学識の先達として認めていることを意味する。
○恩：恵み、慈しみの意。
○「いと疾（と）し」：あっという間に時が過ぎ去ったこと。
○「今こそ分かれめ」：「こそ〜め」は、強めを意味する係り結びである。
○睦（むつ）みし：「仲良く親しくして」の意味。
○「やよ忘るな」：「やよ」は感動詞で、「やぁ、いいかい」「おい」という呼びかけの意味。また「な」は禁止の命令の終助詞である。
○「身を立て名をあげ」：立身出世の意。
○「朝夕（あさゆう）馴（な）れにし」：朝に夕方に親しんでいること。
○「蛍の灯（ともしび）　積（つ）む白雪」：「蛍の光」の歌にも登場する中国の故事「蛍雪の功」の教えを踏まえている。車胤は本を読もうにも、貧しさ

のために灯油も買えない。そこで蛍を袋に集めて、その光で勉学に励んだという。孫康も貧しいので、雪明りを頼りに本を読んだ。たゆまぬ努力の甲斐あって、二人は出世して、政府の要職に就いた。

○「忘るる間（ま）ぞなき　ゆく年月」：時が流れて過去の彼方に消え去る時間的ゆとりがない、すなわち忘れる間もない様子、思い出に耽っている時間はないことの意味。「ぞ」は強意の係助詞。

【解説】

　歌の1番は、恩師への感謝の気持ちをこめて、卒業生が斉唱する。（大意）「仰ぎみると、指導して頂いた先生方のご恩が思い出されてきます。何年にもわたる学校生活もはやいもので、あっという間に終わりました。今や別れの時を迎えました。さあ、お別れです」。

　2番は在校生から卒業生へ励ましのために斉唱する。（大意）「学校で共に培った友情を、これからも忘れないでください。今後、立身出世できるように頑張ってください。さあ、今、お別れです」。

　3番は全員で斉唱する。（大意）「馴れ親しんだ教室。勉学に励んだ歳月。思い出に浸っている時間はありません。さあ、新しい出発にむかって、お別れしましょう」。明治政府は、日本を近代国家にする使命を帯びていた。「国家有為の人材」を育てたい、境遇に負けず努力し、大成する人物を養成したいという意気込みで、西洋の近代的な教育制度を整えていった。「仰げば尊し」は「蛍の光」と共に、学校の卒業式で定番のように歌われた。現在でも各教育機関で歌われているようだが、哀愁のメロディーが心の襞に沁み入るように響きわたり、思わず涙を落とす学生たちがいる。

　歌詞は文部省の音楽取調掛において作られて、省内の国語専門家の検閲を受け、再び取調掛の協議で修正された。音楽取調掛には、稲垣千頴（ちかい）、加部巌夫（かべ・いずお）、里見義（さとみ・ただし）の3名がいて、歌詞の討議・修正を行った。それゆえに、作詞者を特定するのは、困難である。

⑫子どもの心情歌『証城寺の狸囃子（たぬきばやし）』（作詞：野口雨情　作曲：中山晋平）

　　　♪証　証　証城寺　証城寺の庭は
　　　　ツッ　ツッ　月夜だ　みんな出て　来い来い来い
　　　　おいらの友達ァ　ぽんぽこぽんのぽん

　　　♪♪負けるな　負けるな
　　　　和尚さんに　負けるな
　　　　来い来い来い　来い来い来い
　　　　みんな出て　来い来い来い

　　　♪♪♪証　証　証城寺　証城寺の萩（はぎ）は
　　　　ツッ　ツッ　月夜に花盛り
　　　　おいらも浮かれて　ぽんぽこぽんのぽん

【解説】
　この詩は、1924（大正13）年の児童雑誌『金の星』に発表されたものである。童謡詩人として知られていた野口雨情は、全国の講演会によく招待されていた。そして訪問先でご当地ソングの民謡や童謡の作詞依頼が、必ずと言ってよいほど舞い込んできた。この場合も、千葉県木更津の町長の側から作詞の依頼があった。木更津（きさらず）は当時、町制を敷いていた。その地名の由来は「君不去（きみさらず）の地」の故事による。日本武尊（やまと・たけるのみこと）が、この地で最愛の妃の弟橘姫を失い、数日間去りがたく、そのまま滞在したという。この伝説に基づく。雨情は町内の證誠寺に残る伝説を聞かされるに及び、詩想を大いに刺激された。翌14年に中山晋平によって曲が付けられた。「月夜だ　月夜だ」を「ツッ　ツッ　月夜だ」に変更し、「証　証　証城寺」と短くまとめたことで、速いテンポと弾むようなリズムを実現できた。このように調子よく囃し立てるような賑やかな展開は、作曲家・中山晋平の着想だった。
　證誠寺は昔から音曲法要を挙行したり、蹴鞠を見せたり、寺子屋に開放したりと、ユニークなお寺だったようだ。近くの巣穴から狸たちが100匹ほど出

てきて、腹鼓（はらつづみ）を叩き始める。時刻は月が明るく照らす夜中である。その音に目を覚ましたお和尚さんは、戸の節穴から庭を覗く。お和尚さんは、つい浮かれた気分になり、三味線を抱えて、庭に出ると、三味線を弾き弾き、狸たちと一諸に踊り出した。萩の花が月に照らされて、一面に生えている。狸たちは浮かれてきて、お和尚さんの三味線に負けじと、腹鼓を打ちながら、楽しく踊っている。想像するだけでも、非常に微笑（ほほえ）ましくユーモラスな光景が目に浮かんでくる。数多くの童謡の中には、思わず楽器や手足を使って、浮き浮きと踊り出したくなるような種類の一系統がある。

　例えば、「兎のダンス」（♪ソソラ　ソラ　ソラ　兎のダンス〜）、「お猿のかごや」（♪エッサ　エッサ　エッサホイ　サッサ〜）、「おもちゃのチャチャチャ」（♪おもちゃのチャチャチャ〜）などもそうである。心の躍動性が直接に外見の動作や仕草に表出されるのは、子ども特有の心情である。この種の分類には、「子どもの心情歌」という表現を用いておいた。そこで当該の雨情の童謡は、歌詞の由来から判断すると、伝説や昔話に振り分けられよう。だが、それよりも歌が顕わにする躍動性が歌の命である。そこに着目して、「子どもの心情歌」としておく。

　いつしか狸が来なくなった。そこで和尚さんが調べてみると、お腹の皮が破れた大きな狸が横たわって死んでいた。伝説は案外、悲惨な結末を迎えている。雨情たちが歌を完成させると、證誠寺の住職が寺に対する侮辱だと感じて、猛烈に抗議を繰り返した。それで雨情は、寺の名前を「證誠寺」から「誠城寺」に変更した。今ではこの童謡は、木更津の町起こしに活用されている。

⑬昔話唱歌『牛若丸』（作詞・作曲：不詳）

　この童謡は、「昔話唱歌」から取り上げたものである。この種の昔話は主として『尋常小学読本』に載せられた。またそれらは、『尋常小学唱歌』つまり音楽の教材としても取り上げられた。国語と音楽の両授業で同時に教えられたのである。おそらく情操教育と言語教育の相乗効果を狙ってのことだろう。子どもたちの日本語の学びには、打って付けの教材である。

♪京の五条（ごじょう）の橋の上
　大のおとこの弁慶（べんけい）は
　薙刀（なぎなた）ふりあげて
　牛若（うしわか）めがけて切りかかる

♪♪牛若丸は飛び退（の）いて
　持った扇（おおぎ）を投げつけて長い
　来い来い来いと欄干（らんかん）の
　上へあがって手を叩（たた）く

♪♪♪前やうしろや右左（みぎひだり）
　ここと思えば　またあちら
　燕（つばめ）のような早業（はやわざ）に
　鬼の弁慶あやまった

【解説】

　牛若丸は、武門の誉れ高い源氏の御曹司である。敵の大将・平清盛の指図によって命を助けられ、幼い頃から京の鞍馬山に幽閉された。鞍馬寺で武術や兵法、学問を習った。当時、寺社は学問所でもあった。山の天狗を師と仰ぎ、修業に励んだとも噂された。長門・檀の浦の合戦における八艘跳びが有名だが、義経（牛若丸の元服後の名前）の身軽な跳躍や敏捷な所作はそのおかげだった。武蔵坊弁慶（熊野の別当の子）は五条の大橋での対決に敗れて、以後は義経の家来となる。「大のおとこの弁慶」を、うら若き少年・牛若丸が翻弄しながら、勝利を収めたところが、物語の肝心な点である。歌の2番はほとんど鬼ごっこの遊戯の世界である。『義経記』によれば、実は五条天神のすぐそばの堀川通りで二人は、出食わすことになっている。五条大橋が舞台になるのは、「童話の父」と称せられた巌谷小波が書いた子ども向けの物語（『日本昔噺』シリーズの第23編、所収）においてである。この歌は1911（明治44）年の『尋常小学唱歌（1）』に載せられた。

⑭昔話唱歌『一寸法師』(作詞：巌谷小波　作曲：田村虎蔵)

　　　　　♪指に足りない　一寸法師
　　　　　　小さい体に　大きな望み
　　　　　　お椀（わん）の舟に　箸の櫂
　　　　　　京へ　はるばる上り行く

　　　　♪♪京は三条の大臣殿へ
　　　　　　抱（かか）えられたる　一寸法師
　　　　　　法師法師と　お気に入り
　　　　　　姫のお伴（とも）で　清水へ

　　　♪♪♪さても帰りの　清水坂（ざか）に
　　　　　　ちくりちくりと腹中つけば
　　　　　　食（く）ってかかれば　その口へ
　　　　　　法師たちまち　躍（おど）り込む

　　♪♪♪♪針の太刀をば逆手（さかて）に持って
　　　　　　鬼が一匹　現われ出（い）でて
　　　　　　鬼は　法師を吐き出して
　　　　　　一生懸命に　逃げて行く

　♪♪♪♪♪鬼が忘れた　打出（うちで）の小槌（こづち）
　　　　　　打てば不思議や一寸法師
　　　　　　ひと打ちごとに　背が伸びて
　　　　　　いまは　立派な　大男（おおとこ）

【語句・表現の説明】
○箸（はし）の櫂（かい）：「櫂」は櫓に似て小さく、オールと呼ばれる。それは舷に据え水を掻いて、舟を前進させる道具である。「指に足りない」小さな法師にとっては、普通の櫂では大きすぎるので、箸で代用した。舟もお椀で十分だった。太刀は針で代用できた。
○「抱えられたる」：大臣に召しかかえられたの意味。
○「法師法師とお気に入り」：三条殿のお屋敷で、誰からも好かれたことを表現する。

○「さても」:「そうしているうちに」「ところで」
○「食ってかかれば　その口へ」:「鬼が口を開けて、一寸法師を食べようと近づいてくる」の意味。
○打出の小槌:打てば、何でも自分の願いが叶う不思議な小槌

【解説】
　大切なポイントは、指の長さにも足りない一寸法師（約3センチの背丈）が、持ち前の勇気と行動力で、見事立派な成人の男になった点である。主人公に同化してお話を聞く子どもたちは、大志を抱き、人生の壁に立ち向かえば、必ず克服できるという信念を、一寸法師と共有するはずである。
　清水寺からの帰り道で鬼と闘うのは、やはり巌谷小波の『日本昔噺』に掲載された「一寸法師」に基づいている。室町時代の『御伽草子』の中では、「きょうがる島」に漂着して、鬼と出遭う。そこでは、一寸法師は多少なりとも悪賢く描かれている。

注
1）河内紀／小島美子『日本童謡集』（音楽の友、1995年）97頁。
2）池田勇人『歌人たちの遺産　唱歌・童謡における神の恵み』（文芸社、2011年）174頁。

参考文献（順不同）
・合田道人『童謡の秘密〜知っているようで知らなかった』（祥伝社、平成15年）
・池田小百合『もっと好きになる日本の童謡』（実業之友社、2004年）
・井筒清次『図説｜童謡唱歌の故郷を歩く』（河出書房新社、2006年）
・海沼実『読んで歌って楽しめる　正しい唱歌・童謡のススメ』（ノースランド出版、2006年）
・竹内貴久雄『唱歌・童謡100の真実』（発行所：ヤマハミュージックメディア、2009年）
・堀内敬三／井上武士編『日本唱歌集』（岩波書店、1978年）
・中村幸弘編著『読んで楽しい日本の唱歌（1）』（右文書院、平成18年）
・野ばら社編集部『心のふるさと童謡唱歌』（野ばら社、1990年）
・堀内敬三／井上武士編『日本唱歌集』（岩波書店、1978年）
・三木卓『日本童謡集』（平凡社、1979年）
・横山太郎『童謡大学　童謡へのお誘い』（自由現代社、2001年）
・近藤信子『にほんのわらべうた　③おてぶしてぶし』（福音館書店、2001年）
・上笙一郎編『日本童謡辞典』（東京堂出版、2005年）

第6章 児童劇をつくろう

1. そのねらい

　幼稚園や保育所に勤めると、児童劇を手掛ける機会が出てくるもの、と予想される。園において児童劇の幅広い効用は無視できないからである。この行事は子どもの言葉を育てるまたとない好機でもある。それで、幼児教育関連の学科を専攻する学生に対しては、どの学校も児童劇の実践を積極的に教育課程のうちに組み込んでいる。常磐短期大学の幼児教育保育学科でも毎年『幼教フェスタ』と称して、1年生は主として児童劇を上演し、2年生はステージ活動をお披露目しており、同時に課題研究の成果は展示の形で発表している。他にも音楽関係の分野では踊りや合唱、ハンドベル演奏などを披露することが、ここ当座の恒例となっている。ここには1年間ないしは2年間の活動の総仕上げという意味合いがある。本章では、本学で実施している児童劇の公開に至るまでの手順を紹介する。大まかに言って、3段階、すなわち初期段階、中間段階、上演前の最終仕上げに分けて、理解するのが適切であろう。

2. 初期段階

　本学の1クラスの人数は20名～25名ぐらいで、1学年6クラス（A組～F組）編成である。『幼教フェスタ』に向けての編成は、ABクラス、CDクラス、EFクラスの3組に編成替えする。まず各クラスにおいて劇の完遂のために、役割分担を決めることから始まる。代表責任者以下、脚本担当、大道具係り、小道具係り、音楽担当、演技指導、プログラム作成委員など順次担当者を決めていく。もちろん、適材適所の配置に気を配ることが肝要だが、自主的な志願

者を募り、少しでもチャレンジしてみようという意欲の持ち主がいれば、そのチャンスを逃さずに、手をあげさせて、任せるべきである。「何事も経験」が大事であって、試行錯誤のなかでひたむきに務めあげれば、成功しないことはない。その経験は、園への就職後にきっと生きてくると思う。会社や議会の要職を担うわけではないので、誰でも務め上げられないはずがない。多少とも不安と心配がよぎる人は、数名の仲間と共同担当すれば、何ら問題はない。学生にはこの点を強調している。

　右図に挙げた役割担当の名称のうち、「プログラム作成」について説明が要る程度だろうか。これは、『幼教フェスタ』の全体行事を説明した小冊子を作ることである。それは当日、参加者全員に配るものである。文章を作成してイラストの絵を描く、さらにはコピーをして、ページ綴じをするといった作業が、この担当者には待ち受けている。他にも、演劇の進行上、ナレーターが必要となった場合、追加的にその担当者を選ばなくてはいけない。またステージ発表全体を統括するアナウンサーが必要だと判断すれば、適宜、担当委員を決めることもあるだろう。

3. 中間段階

　決まった代表者と副代表者が黒板の前に立ち、さっそくクラス全員で演目について相談する。その決定の仕方であるが、各自思い思いに希望演目を申告してもらう。童話や絵本をよく読んで知っている学生がいるクラスは、多様なお話をいろいろと提案してくる。日頃、子どもむけの作品を読んでおくことだ。春セメスターの授業科目『児童文学』では、読後感想文を課しているが、この準備でもある。提案された作品の中から、副代表者がその作品名を板書する。ひとわたり希望を募ると、10題目ぐらいは上がってくる。全員の挙手で希望者数を確認しながら、上位3題目に絞る。その上で、多数決によって最終決定を下す。つまりは民主主義的な手続きに従って演目が決まるのである。最近の日本では少数者保護が行き過ぎて、少数意見が決定権を握る、といった本末転倒のような不可解な慣例が横行している。本来の民主主義は多数決の原理

にある。このことを強調するまでもなく、我が短大の幼教学科では、あまり紛糾することはない。採択の意思表示が行なわれ、すんなりと多数意見が通る。いったん決まると、各自が劇の完成に向かって、一斉に走り出していく。その手際よさは感心の極みである。

　学生の自主性を重んじることが基本なので、教師の側で事細かにいろいろと口うるさく助言しないようにしている。教育の視点が絡んでくると、ついつい教師は指導を強め、学生の考えと発想を拘束しがちである。行政組織が過剰に国民を拘束し指導しすぎる日本の現状は常々、苦々しく実感するところであるが、それが結果的に社会にどうしようもない停滞を招いている。有難迷惑の「親切心」あふれる役人は、米の凶作年には箸の上げ下ろしまで干渉してくる。そのような現象を鑑みるにつけても、何よりも教育面にあっては、思考の自由や自立の精神を奪うことがあってはならない。「自立・創造・真摯」は本学の教育理念である。事はささやかな児童劇の話であったにしても、学生の主体的な活動を阻害させてはならない、と考える。見守りながら、何か気づいた時には、提言してよかろうが、最終判断は学生に側に委ねている。ただし、「灯台下暗し」になりがちな日本の現状を考慮に入れて、日本の昔話に目を向けるように、との要望を出している。

　さて、脚本書きのメンバーが決まり、演目が決まれば、次いで脚本内容を固めていくことになる。脚本内容は最終的にクラス全員の納得を得られるように、種々の意見を集約し、脚本に反映させることになる。脚本書きのメンバー任せにしないで、最初から小グループに分かれて、各グループで分担することも可能である。それはすなわち、ストーリーの全貌を部分的に分割し、その部分の展開をグループごとに相談して、決めていく方法である。例えば、グループの中のAが「おじいさんがカブを畑に植えました」と、話の出発点を提案する。次のBがAの文を引き継ぎ、「やがてカブは大きくなりました」と展開すると仮定する。すると、Cは「ひとりで抜こうとしましたが、とても抜けるものではありません」という展開を思い付く。「そこでお婆さんを呼んできて、力を合わせて抜こうとしました」というように、次のDが話を引き継ぐ。別のグループメンバーEが「ところが、どうしても抜けませんでした」という文を

考え出す。このようにしてグループ全員で、次から次に話を構想していく。

「つぎつぎ話」という言葉遊びがある。やり方は、前の人の言った短い文を受けて、次の順番の人はそれに続く文を作っていく。同じようにして、次々に言葉を重ねていく。そして各自が文章をつなぎ終わると、責任者が話をまとめる。

ここでは、絵本にある『おおきなカブ』の筋をたどるように創作していったけれども、必ずしもその必要はない。Bが「天候不順のせいで、畑の作物の生育が悪く、カブも例外ではありませんでした」と大胆に話を捻じ曲げても、全然不都合はないのである。Cはさらに違った展開を描き出すことであろう。脚本書きのメンバーは、小グループの成果を集めて、それを検討しまた参考にしながら、面白いと思う決定版を構想していく。こうした手続きも考えられる。入念な脚本作りには一人では大変だろうから、まず脚本作りの委員長を決めれば、脚本係りとして別に5、6人を準備しなければならない。その後、固まったストーリーを芝居用に体裁を整えてから、稽古用の台本を作成して、クラスのみんなに配布する。これにも大変であれば、何人かの助けを借りて作業を行う。

その内容しだいでは、音楽の関与の仕方が違ってくる。あるいはまたそれは曲の選定にも関与する。BGMにカセットテープを使用できる。ピアノ演奏で、劇の音楽を盛り上げることも可能である。脚本の構想がある程度煮詰まった段階で、音楽担当の委員と相談することになろう。曲は音楽の授業科目で使用しているテキストの中から選ぶようである。学生全員が購入して授業で使用しているテキストは、神原雅之ほか監修・編著『幼児のための音楽教育』（教育芸術社、2011年）および木許隆監修・編著『うたのファンタジー』（圭文社、2013年）の2冊である。曲のピアノ演奏と歌の練習には、音楽授業の場で先生が指導してくれる手筈である。

一昨年度の1年CD組の演目は、ウクライナ民話の「おおきなカブ」であった。台本を童話から選ぶ場合、絵本は非常に利用価値がある。絵本であれば、視覚的イメージが膨らみやすく、参考にできる点が数々ある。第一、話しの展開が把握しやすい。CD組の選んだ物語は、お爺さん一人ではとても抜けない

大きな蕪を、お婆さん、孫や猫、犬、ネズミなどを呼んできて一緒に抜くといった単純なストーリーである。あっけなく単調な展開で済んでしまう。

CD組はそこを一工夫して、新たに食べ物の好き嫌いのテーマを導入する。子どもたちは「僕、ヤダ！」「カブ美味しくないもん！すっごくまずいじゃん！」「カブなら手伝わなければよかった！」と、口々に不平不満を言う。（ネズミ）「そんなことないよ！ここのおじさんのカブはとっても美味しんだ！」――（犬）「そうだよ。とっても美味しんだよ。」――（猫）「すっごく甘いの！」。子どもは「そんなのどこででも一緒だよ！」「美味しくないもんは美味しくないもん！」と言い返す。だが、気を取り直して、みんなで「あいうえおにぎり」を歌いながら、食べてみると、あら不思議、とても美味しい。それでもりもり食べる。しばらくすると、美味しいカブの味も飽きてくる。すると、今度は孫娘がジュースを作って飲もう、と誘う。やがて、みんなで「ミックスジュース」の歌を歌いながら飲むと、とても満足する。そして食べず嫌いは、味わって食べてみると、その美味しさに目覚めることが分かる。実に、上手な展開に持ち込んでいる。新たに「子どもと食べ物」という魅力あるテーマが、ここで盛り込まれる。そして子どもへの教訓をも提供している。「ミックスジュース」の歌は、今でも頭の片隅に残る素晴らしい曲であった。

台本内容のポイントは、次のような点が参考基準になり得る。すなわち①ヤマ場が必要で、起承転結になっていること、②願望充足、対立矛盾の克服、ハッピーエンド、緊迫の状況でも愛情あふれる幸福の獲得を示すこと（すでに授業「児童文学」の作品分析で指摘したところである）、③子ども向けなので、リズミカルな要素、楽しい歌や踊りを取り入れること、④生き生きとした台詞、また子ども向けを意識して、子どもにとって適切な言葉を用いること、⑤クラス全員の参加を前提に考えて、集団演技を採り入れること、⑥上演時間は、10〜15分以内に収めるという時間制限が設けられているので、その範囲で構想を練ることである。

台本の内容が判明すれば、舞台装置にせよ、小道具・大道具にせよ、あるいは衣装にせよ、各役割担当者は、自分の任務に向かって積極的に動くことができる。大切なことは、何よりも台本内容を固めることである。「短期間に効率

よく」をモットーに掲げて、12月の本番には余裕をもって迎えられるようにしたい。そのためには、学生各自における協調精神が欠かせない。舞台装置そのほかを作成するに当たって、予算措置が非常に少額に抑えられていることに注意を払いたい。予算制限の中で、いかに巧く仕上げられるかが、腕の見せ所である。よくできているもので、入学してくる学生は、高校時代までに合唱部や演劇部、美術部に所属していて、特別な技能を発揮できる者がいる。心強いかぎりである。

4. 上演前の最終仕上げ

　全体を通した舞台稽古は、体育館の使用状況および『児童文化論』と音楽の授業時間に限定される。つまり場所の制約と時間的な制約から合計で3，4回ほどしかできないのが現状である。『幼教フェスタ』実施の前日は、最終チェックの意味で通し稽古が行われる。能率よく準備を重ねて、発表当日の午後を迎えなくてはならない。当日の午前中にも最後の練習を実施している。準備が不十分なら、達成感はいま一つ物足りなくて、不満な状態で終わるだろう。そうすると、喜びも半減しよう。ところが、現実には「案ずるより産むが易し」である。毎年、学生たちの手際の良さには感心している。合唱練習場や音楽室などを使いながら、着々と部分稽古に励む。また授業外の空き時間を利用して、音響調整、ピアノ練習、衣装や道具、舞台装置作りが進んでいく。舞台照明に関しては、業者が当日担当してくれるので、学生が関与する必要はない。
　互いに意見を出し合い、聞き合う。人の話を聞くことは、社会生活を営んでいく上での基本的ルールである。時として意見のぶつかり合い、喰い違いが生じることは、避けられないところである。しかし当事者同士での解決に至るプロセスを経験することは、保育者の卵にとって無駄ではない。園児にも同じような経験の場に出くわす。そうした場合、何とか意見調整をして、一つの結論に向けて問題解決を図らなくてはならない。保育者は仲介の必要が必ずしもないのだが、事態を見守り、間接的に解決の方向へと導くことが期待される。考えてみれば、こうしたぶつかり合いや軋轢（あつれき）などは、生涯つきまとうもの、社会

生活の必須事項とも呼べるものである。それを自覚して、意識的に問題に取り組めば、児童劇作りは意義が倍加するであろう。保育者としての自信を培ってもらうためには、「校外実習」での実際の体験が最良の手段であることは疑いを容れない。自主的活動である『幼教フェスタ』は、それと並んできわめて大切な経験を獲得できる行事である。

第7章
先生と園児、あるいは園児同士などのコミュニケーション

1. コミュニケーションと子ども

　コミュニケーションが伝え合う手段だと言うのであれば、いろいろな形態が想定できよう。手で合図を送ったり、狼煙を上げたりまた太鼓を叩いたりしても、とにかく、情報伝達の交換ができる。異国の地にいてその国の言葉が分からない場合、手振り身振りで意思伝達を試みようとする姿は、時に見られる光景である。だが、人間の場合は、コミュニケーションがとりわけ言語という手段でも取れること（verbal communication）に、大きな特徴がある。

　はるかに複雑な意味を込めた理解に達するためには言語表現がもっとも有効である。というわけで一定の言語社会では、共通の言葉を受け容れる。そうでなければ、伝達は混乱をきたし、曖昧なものになるだろう。悪くすると、不成立となる。コミュニケーション（communication）活動には、「共通の（common）もの」を作り出すという意味が含まれる。私たちは言葉に共通の概念を持たせて、決まった発音と文字を使い、社会的に共通な基盤に身を置きながら意思疎通を図る。発信者は一方通行ではなくて、受信者ともども互いの思いを伝え合い、響き合わせて共通の世界を感じ取ることになる。それ故、聞くことや読むこと、話すことや書くこと、こうした理解力や表現の能力を子どもの頃から、逐次開発していかなくてはいけない。将来の社会生活に困らないようにするためである。

2. 言葉の獲得過程における段階

子どもの言葉の発達段階区分

胎生期	聴力の発達
0歳児（言語以前）	産声　叫喚発話　クーイング　喃語
1歳児	初語　一語文　二語文　幼児語・幼児音
2歳児	言葉の爆発期　語彙の増加　第一質問期　三語文
3歳児	自己主張　会話の増大　第二質問期　文構造の複雑化
4歳児	会話の一段の進展　おしゃべり期　物語絵本期
5歳児～6歳児	言葉理解の深まり　行動の調整機能　概念化　言葉による論理的思考　仮名文字の読み書き　書き言葉への関心

　赤ちゃんは誕生の後に言葉を獲得していく。すなわち生まれると、肺呼吸を始めて「オギャー」と産声を上げる。その後、1か月間は眠ることが多く、目覚めた時は泣くが、それを「叫喚発話」と言う。赤ちゃんはなぜ泣くのか。それには必ず理由があるはずである。言葉の未発達な赤ちゃんが何かを知らせようとすれば、手足や笑顔などの身体表現でそれを示すか、あるいはまた手っ取り早く泣くしか方法がない。苦痛、飢えなどの不快な状態が生じると、赤ちゃんは直接的に叫喚を発声をする。泣くことは訴える言葉の表現なのである。おしめが濡れて不愉快だ。お腹がすいてたまらない。どこかがかゆい、苦しい、痛いよ。寂しい、不安だ。あやして欲しい。叫喚発声は養育者の育児心を誘発する。そして育児行動（授乳・愛撫・おむつ交換など）に向かわせる。だが、泣き方に特定の法則があるわけではないので、養育者、保育者はよく観察して、「一般化できない経験知」を積み重ねることである。

　生後1か月前後から叫喚以外にも、呼吸を伴う柔らかい発声が聞かれる。「クーン」「アー」「ウー」など、[a:] [u:] [o:] を含む喃語（babbing）が出てくる。この初期の喃語は、「鳩音」つまり「クーイング（cooing）」（呼吸に伴う偶発的な音声）とも言われ、心地よい感覚を覚えて、軽やかに赤ちゃんの口から発せられる。母と目を合わせながら、人の声に反応し、相手をじっと見つめる。それが2か月ないしは5か月ぐらい過ぎると、「アアー」「ブブー」「バ

第7章 先生と園児、あるいは園児同士などのコミュニケーション　115

バー」「ダッダッ」など1音節の反復喃語や、「バブバブ」「メムメム」といった子音を含む喃語が口からついて出る。乳児にしてみたら、それは表情や身振りで喜びや快適さを伝えようとする手段なのである。したがって喃語発声には、2つの意味がある。すなわち一つは自らの発生器官や聴覚器官の動きを楽しむことである。他の一つは自分の興味あるものが与えてくれるように、また期待することを続けてもらえるようにとの意図を、それに添えることである。その気持ちに対して母親や保育者、周囲の人は言葉かけで報いてあげる。そのお馴染みの声に接すれば、赤ちゃんはいっそう安定的で快い気持ちになれる。それに赤ちゃんの発声活動を励まし、音声の言語化に役立つ。この間にも、同時に赤ちゃんは、感覚運動的な能力も試行錯誤の中で発達させていく。6か月〜9か月頃には、乳児はハイハイできる幼児へと変身する。

　発達の達成度は個人差が出る。早くは10か月過ぎから、一語文の初語が見られる。「子どもの発声に対して、特定の状況や物との結びつきを大人が初めて認めた音声パターンが初語（the first word）である」[1]。初語の指し示す対象や事象は、幼児の身の周りのもの、つまり食べ物や人、動物、乗り物などである。初語の音声形式は、[p, b, m ,n, t, d] のいずれかを含み [子音＋母音] の反復型となっている。「ブーブ」（擬音語）、「マンマ」、「ニャンニャン」（擬音語）、「ワンワン」と一語文を発話できるようになる。こうした幼児語は、母親など親しい人が教え込んだものを、幼児が模倣したことに由来する。そのように声が出ること自体、気分がよくなり、短い一語文で、自分の気持ちを思いっ切り伝達しようとする。時には音程やリズムを変えながら、音の響きを楽しむ。そこに身体活動を伴った場合は、何とも微笑ましい状況が生まれることは間違いない。この段階の子どもは、一語だけで多義的な意味を含ませる。それ故に、一語はその実質から「一語文」と呼ぶのである。例えば、指さし行動を取りながら、「ニャンニャン」の発話で「猫が来た」「猫を見た」「早く猫のところに行こう」「これも猫なの？」などなどと、事実確認や欲求、提案、疑問などの意味をこめた一語文を表明する。

　その状況に対面する養育者は、言葉を反復再生して幼児に返す。それも「拡充的再生」にする。例えば、「マンマ」と幼児が言えば、「そうね、マンマね。

マンマ、マンマを食べようね」と言い返す。「赤ちゃん、おイス」と二語文で話しかける幼児には、「そう、赤ちゃんがお椅子に座っているのね」と応える。単に赤ちゃんの言葉をオウム返しに繰り返すだけではなく、言葉をより深めることが「拡充的再生」の意味である。子どもが養育者と散歩していて、「あっあっ」と言いながら、黄色のタンポポの花を指さしするとする。そういった場合でも、「あ、黄色いタンポポが咲いているね」と答えてあげる。

　1歳半になれば、例えば「ママ、こっち」「ワンワン、来た」「飴、ちょうだい」「クック、ない」など、2つの自立語を組み合わせた二語文が表現できるようになる。あるいは「ちょうだいネ」（＝「自立語＋助詞の付属語」）のような二語文も発話可能となる。「ネ」は「ヨ」と同じように終助詞である。2歳前後は、「クック、あったよ、ここ」や「ワンワン、食べてる、マンマ」のような三語文も発話可能となる。そして2歳を過ぎる頃から、多語文（「大きなワンワンお家にいない」）などをしきりに使用する。身の周りのものに興味・関心を持つ時期に当たる。「ネネ、これなんていうの？」「これ、なーに？」「これは？」と事あるごとに質問をする。「第1質問期」の到来。子どもが音声と対象との対応関係に気づき始めた証拠である。さっき訊ねたばかりなのに、同じものを指して「これは？」と訊く。楽しみ半分で子どもは、同じ質問を繰り返しながら、「言葉が記号である」ことを理解する。目の届く限りのものを注視して、閉口するぐらいに質問を投げかけてくる。だが、大人には、子どもの気持ちを察して、それを尊重した対応が望まれる。面倒くさがらずに、子どもとのやり取りを楽しむ誠実さと余裕が必要である。

　幼児の特徴として是非とも指摘したいことは、「幼児語」と「幼児音」というものの存在である。前者に対しては、お腹「ポンポン」、着物「ベベ」、頭「オツム」、家の外「オンモ」、目「オメメ」、寝ることまたは赤ちゃん自身「ネンネ」、歩くことまたは足「アンヨ」、靴「クック」、履物「ジョジョ」、抱く「ダッコ」などが例示できよう。喃語として発声されていた音や幼児に発音しやすい音の組み合わせ、それに多くは同じ音の繰り返しからできている。だが、この言葉は大人が与えたものである。つまりマザリーズ（母親語・育児語）の一部であり、幼児は大人の口真似をして覚えたものである。さらに後者

の「幼児音」とは、幼児特有の発音の乱れのことを指す。「カサ（傘）」→「カチャ」または「タサ」、「りんご」→「インゴ」、「テレビ」→「テビレ」、「エレベーター」→「エベレータ」、「マヨネーズ」→「マネヨーズ」、「オタマジャクシ」→「オジャマタクシー」、「ツミキ（積み木）」→「チュミキ」が例として挙げられる。その原因は子どもの構音器官の未熟さと音声認知能力の未発達にある。「バチュ、ちた」や「ハナ、ちれい」に接する際には、かわいい印象を受けるけれども、養育者はそのまま放置してはならない。そうではなくて「バスが来たね」「そうね、お花はきれいね」と訂正模倣することが大事である。正しい言葉遣いを子どもに示すためである。ふつう幼児語は6歳になるまでは消えず、多少とも残っていく。

3歳児はさらに言語能力を発達させて、「第2質問期」を迎える。他の人や物の様子を観察し、知りたいという欲求が強く芽生えてくる。広く知識を得ようとするための質問である。「なぜ雨が降るの？」「どうしてお母さんは帰ってこないの？」「これはあれとどこが違うの？」「それでどうなったの？」まるで質問攻めである。しかし、こうした知ることへの欲求が、子どものやる気を支える基盤となる。いつ、なぜ、その他の疑問詞を使用して、質問してくる。この頃には、日本語の基本的な文法構造を身につけ、自分の思いを何とか話せるようになる。助詞の使用は大体のところ習熟に達する。「おもちゃ、持ってくるから、まっててね」——従属文に慣れてきて、複雑化した文は長くなる。それと共に自我の成長は、怒りや恐れ、恥じらい、自尊心など多様な感情の芽生えとその自覚となって具現化する。

4歳児になれば、自由に話し言葉を操り、言葉の楽しさに目覚める。大人の会話に割って入り、誰かれなく喋っていこうとする。言葉によって子どもたちは、豊かな世界を手にする。「苺って、小人のお家なんだね」「ママ、洗濯物って鉄棒が上手なんだね」（雨漏りを眺めて）「ここはお外じゃないのに、間違って降っているよ」などと、自由な発想で生き生きとした表現が子どもの口から飛び出すのも、この年齢の特徴である。

言葉が自由に操れるようになると、大胆になる。すなわち言葉を逆にひっくり返したり、無理に反対語を言ったり、面白おかしく言葉遊びにふける。本

書の第9章で紹介するように、はやし言葉、駄じゃれ、逆さ言葉、早口言葉、連想表現、替え歌などと、いろいろな言葉遊びに興じる機会が訪れる。そのことで言葉の理解が一段と向上する。その反面、反抗期に入ったこともあって、乱暴な言葉やふざけ気味の言葉を投げかけてみたくなる。それまでは子どもは、大人の言葉遣いを模倣して、素直に保育者の援助を受けていたが、そうした立場から離れようとする。乱暴な言葉はどこかでちゃんと説明をして、相手を思いやる気持ちを育てることが必要である。一方で、子どもの自由な言語活動も大切なので、難しい対応と慎重な配慮が要求される。

　5～6歳児は筋道を立てて、話すようになり、心の中で考える力がついてくる。絵本では「物事の因果関係をつかみ、対比において理解が可能となる。したがって登場人物の気持ちがより深くつかめる[2]」。接続詞「だから」「そして」を使って上手に文と文を結び付けて、論理的に文章を組み立てられる。「論理的思考」が発達しているが、逆説的な考え方や言い方はまだ少ない。言葉に対する理解が深まるにつれて、言葉で伝え合うことの自覚が生まれる。集団の中で互い意見を交換し合ったり、相手の意見を受け容れたりする様子が見て取れる。

　言葉に慣れると、それを他者に向かって発するだけではない。「内言」と言って、自分の行動や感情を調節・規制をするように、自分に向かって言葉を発すことがある。例えば、道端で転んだ時、独り言がそれである。「痛くない、痛くない、僕、泣かないよ」とつぶやいたりする。痛さをこらえて、自分を励ましているのである。『となりのトトロ』のメイちゃんが、雨の中を転んで、姉のサツキに向かって「メイ、泣かないよ、えらい」と言う場面があるが、あれは一応、姉のサツキに向かって話しかける言葉（外言）であるが、自分自身の心を言葉で上手にコントロールしようとする点では、同じである。いずれも言葉の調整機能の例である。「内言」は早い子どもでは2歳児に出現する。

　この時期の特徴の一つに、「概念化」の能力が身に付く。それは、どういうことだろうか。言葉におけるこの表現機能に、子どもは目覚める。犬という場合、目の前に見える犬だけではなく、それよりも小型の犬や大型の犬、ぬいぐるみの犬、絵本に描かれた犬、テレビの画面に映ったアニメの犬など、個別の

犬をすべて統合して、犬の普遍的共通性を把握してイメージ化できることを意味する。簡単に言えば、リンゴ、ミカン、ブドウを「果物」として一まとまりの概念でイメージできること、それを「概念化」と言っている。

5, 6歳児は日常生活で言葉を使用するうちに、その便利な道具にますます慣れてくる。同時に、しだいに言葉そのものに対して興味・関心を向ける。いわゆる「メタ言語」への目覚めである。養育者の側としても、言葉の仕組みや言語体系への客観的な理解を深めさせ、日本語の音韻やリズムなどの美しさを啓発することが求められる。それには、第9章で取り上げるような言葉遊びを活用することが、効果的であろう。

5歳児ともなれば、平仮名の読み書きの適齢期に達したと見られるので、養育者や保育者は、その領域の習熟を目指すように、配慮するとよい。といっても、文字や絵で作られている表示や標識記号が日常生活の中で目につくので、それを利用する。母親と買い物について行って、商店街のお店の看板の絵文字に関心を持つことはよくあることだ。子どもは言葉と文字の結びつきに気づき、俄然興味が湧いてくる。このようにこの時期からは、音声媒体から文字媒体への移行期と呼ばれる。大部分の子どもは、文字で書いた自分の名前に興味があるのだろう、保育者にそれを書いてもらいたがる。そこから入っていくのも一つの手である。またごっこ遊びでメニューや八百屋さんの品物表示にかな文字を書き入れる。あるいは「あ、い、う…」の五十音表を意識的に覚えさせたいのであれば、言葉遊びのカルタ取りの形式を採り入れたらよいかもしれない。その他にも数多くの言葉遊びが考案されているので、利用すべきものは利用したらよいと思う。本書の第9章では主だったものを紹介している。

3. 子どもの言葉に対する重要な視点

(1) 子どもの遊びの中の言葉

「イナイ、イナイ、バァー」の言葉を挟んで、心のやり取りをする遊びは、幼児の喜びである。相手の顔が隠れては、再び元通りに現れるからである。視覚認識における信頼の回復が、呪文のような言葉と共に成就する。言葉が人と

人をつなぐのである。同様のことが「バイバイ」の言葉にも言える。それは普通なら別れに際しての挨拶であるが、乳幼児は決して悲しいこととは思わない。むしろ、この上ない喜びで子どもは向かい入れる。なぜなら、相手が反応してくれることに喜びを感じるからである。人としてのつながりが、子どもに心理的な満足感を与えてくれる。こうした言語表現は、子どもの成長という観点からは重要なものである。松谷みよ子の絵本の1冊に、『いないいないばあ』がある。いろいろな動物が画面に登場するが、読み聞かせを実践する場合、声の高低や調子を変えながら、「ばあ」を聞かせれば、言葉の練習になる。

　砂場遊びでは、砂を盛り上げて、それが富士山だと見なすように、物事を何かに見立てて、子どもは想像力を膨らませる。ごっこ遊びは、空想の世界で物事や人物と一体化して、イメージの世界を体験することである。空想することは、子どもにとって非常に大切な時間である。女の子はごっこ遊びの中でも、手っ取り早く「飯事（ままごと）遊び」をするようになる。お母さんの役になり切って遊ぶ。子どもは常日頃、母親の生活ぶりを見ている。母親役を演じる模倣行動を通じて、子どもは相手（母親）の立場に立ち、その言葉遣いを真似ることによって母親の気持ちを想像する。頭の内部で特定のイメージができるというのは、言葉が育っている証拠である。その先には、過ぎ去ったことを思い浮かべ、これからどうなるのか、未来のことを思い至る意識が芽生える。そして現在の自分の感情を説明できれば、時間の流れがわかった段階といえる。それはだいたい4歳ぐらいの子どもに生まれてくる現象である。一方、言葉というものが自分本位の主観的な考えを伝えるだけでなく、社会的に相互関与的な色彩をも帯びていることを理解し始める。そこから言語本来の社会的性格を知るようになる。

(2) 言葉の交換機能

　言葉は単に自分の気持ちや感情を盛り込んで表現する道具だと考えてはならない。他者との間における「相互交換」という機能が、言葉にはある。友達とのおしゃべりの中で共感の喜び、新たな経験、励ましや楽しみを知る。その心地よさが言葉との関係を深めていく。一見するところ、嫌な経験に思われる友

達との仲たがいも、言葉の育ちに貢献する。3歳過ぎても、子どもはまだ自他の区別が明確でない。叩いた本人は逆に叩かれた側であると錯覚する。自分の物は自分の物、他人の物も自分の物と思い込む。それは必ずしも嘘をついているとは言えない。自分が手に入れたいと欲求すると、直接行動に出る。こうした未熟な思考に対しては、言葉を介在させることであろう。自分の思いを言葉に託して、相手からの反応を得る。そのやり取りから他者の考えや立場に気づき、さらには相手の気持ちを思いやることが可能となってくる。

　次の事例はどうだろうか。園児のAちゃんたちは、先生から「明日はお外へ遊びに行くので、お弁当を持って来てください。みなさん、分かりましたか」と言われた。ところが、次の日は雨だった。Aちゃんのお母さんは、雨だとお出かけできないのだから、お弁当は要らないと判断した。Aちゃんは持っていきたいと言い張ったが、しぶしぶお母さんの判断に従った。

　（先生）「何で持ってこなかったの？」―（園児A）「雨だからお母さんが持っていかなくてもいいっていったんだもの」―（先生）「お母さんのせいにするんじゃありません」―（園児A）「お母さんが……」。やり取りの最後に、先生は「Aちゃん　もういいわ　ひとのせいにしちゃあいけないのよ」と言ったのに対して、園児Aは口を噤（つぐ）んだ[3]。

　この場合は、園の先生に問題がありそうだ。

(3) 言霊への意識

　言葉で意見を伝えられない場合、情緒不安定気味になるケースがある。自分が何をしたいのか、どうして欲しいのかを友達にうまく伝えられない。理由が分からないままかんだり、叩いたり、髪の毛をひっぱったりする。相手への伝達能力や自分の思いに対する調整能力の弱さが、ついそのような暴力的な直接行動に走らせるのである。その際には、言葉を適切に使えるように助言すると共に、他人との関係を上手に取り結べるように導くことが欠かせない。自分の思いがきちんと相手に届く。そのような達成感が繰り返し獲得できれば、言葉の持つ力を実感する。時には、自分とは異なった意見や欲求を抱く相手の壁にぶつかる。けれども他者の存在に気づき、それを認めるようになる。ひいては

子どもに自信を持たせる結果ともなる。また言葉に宿る力を意識して、発見できた子どもの長所を肯定的にほめたり励ましたりするように心がける。

　人間と同様に、言葉にも「たま（霊）」が備わっていると、古来、日本人は考えた。言葉に宿る霊力が物事の成否を左右する。言葉を内言で唱えると、その霊力で願いが成就する。反対に、不吉な事を連想させる言葉や声高に物事を言い立てることはタブーとされる。

(4) 発話者への効果

　言葉の力は発話者自身に働きかけ、自らの行動を律するためにも用いられる。高い所から跳び下りようとして、ためらわれる場合がある。その時、「いーち、にーいの、さん！」と掛け声をかけて、勇気を鼓舞する。大人でさえも、自己コントロールの必要性に駆られた時、しばしば自分に言い聞かせる。例えば、オリンピック競技場で選手が心を落ち着かせ、集中しようとして心の内面でつぶやく。これなども、一種呪文のように自己を抑制する言葉の機能を働かせている。そのような場合、幼い子どもはその特性として、はっきりと言葉の形で外に表明する。それだけに、発話者の内面に強く働きかける。

(5) 非言語的（non-verbal）表現

　今まで言葉が他者との結びつきや自制的効果を生み出す点を強調してきた。例えば、挨拶のことを考えてみよう。人との出会いや別れに際して、挨拶が交わされる。あるいは子どもたちが遊んでいる時、仲間入りしたいと思うと、「いれて」と挨拶代わりに意思表示する。リズミカルに「いーれーて」と言えば、応える側も「いーいーよ」「だーめーよ」と調子を合わせて返事する。初対面のぎこちない人間関係でも、言葉であいさつを交わすと、その後のコミュニケーションが円滑に動き出す。それは人間関係の形成・確認・交流の継続には欠かせないものである。園では早いうちからこの生活習慣を身につけさせるのはこのためである。

　だが他方で、保育の現場をよく観察してみれば、非言語的表現の存在にも気づくであろう。体の動きや顔の表情、視線の方向などで意思伝達する。時

として言葉の力以上に子どもと心を分かち合えるものがある。それが非言語的表現である。つまり身体表現、仕草などを用いた表現、よく耳にする〈body language〉である。挨拶の言葉なしに「手を挙げる」「お辞儀をする」「笑顔を見せる」、身体表現で訴えかけるほうが、ストレートに効果的に思いが伝わる場合がある。恐怖や不安で立ちすくんだ園児に、手を握ってあげたり、ハグをしたりスキンシップのほうが、言葉を重ねるよりも共感と信頼を分かち合える。そして子どもの心を落ち着かせることができる。

(6) 会話の装い

　一対一での会話では、面前の相手を見据えて話が成立することは疑いない。とは言え、そこは子どものことである、時にピント外れの話が続くことは確かにある。相手の反応などにはお構いなしに、一方的な自己主張の言いたい放題、そうなると互いに自慢話をぶつけ合うだけのちぐはぐな会話となる。相互の意見交換を踏まえて発展的に進行していくのが会話だとすれば、これは本来の会話ではない。それでも子ども同士では結構、奇妙な盛り上がりを見せ、共通の会話の世界ができ上がったりする[4]。

　3人以上の集まりの場ではどうだろうか。だれに向かって話をしているのかが問われたりする。直接の話し相手や聴き手に恵まれない事態も起きてくる。すなわち集まっている子どもたちは、各自の思いと話題について必ずしも一致を見ない。そういった状況において自分勝手にひとりで話の輪を壊すということが発生する。その場合は、皆が熱中している話題を遮らず、その雰囲気に参加すること、その後で時機を選んで自分の話題を提供すべきことを、いわゆる話のマナーを教えるとよい。話す手順を間違えずに会話が弾んだ時、子どもは心を通わせることができる。

(7) 語りの環境を整える

　ここでは「保育者の援助」という観点から述べていく。保育者は子どもの遊びや活動を見守り、声をかけ、臨機応変に必要な支援をすることが求められる。具体的に言えば、まず子どもが気楽に「聞ける」・「話せる」環境を整える

ことである。保育者は子どもの心に寄り添って、聞き手に回る。どのような内容や表現でも受け止めてくれる。子どもはそうした安心感に心を開く。そこからもっと話したいという動機づけが生まれてくれば成功である。何かに挑戦し、経験したことを言語化する。3，4歳の質問期ともなると、子どもは好奇心を持ち、何でも知りたがり、しつこく質問する。「これ、なーに、なんていうの」「ねぇ、なぜなの」「どうしてなの」。有名なアメリカの発明王・エジソンは小さい頃、それを繰り返し過ぎた。小学校の先生からは、教育に向かない頭の悪い子、落第生徒だと見なされ、通学を拒否された。それで母親が個人教育したという話が伝わっている。保育者はやさしく耳を傾けようとする態度が要求される。子どもが素晴らしいことをしたり、難局を克服したりした時は、言葉でほめてあげる。子どもが失敗して、心が委縮している時は、慰め、励ます。

　子どもには話す力が育まれてくる。だが、何を伝えようとしているのか、わからない。こういった場面に出くわすかもしれない。子どもの言葉を聞き取る力を持った「よい聞き手」であることも大切である。会話が脱線し、収拾がつかない時には、助け手を差し伸べてあげるとよい。「○○ちゃんはこう言いたかったのよね」「みんな、○○ちゃんはこう言っているのよ」などなど。ただし、いつも先回りして、子どもの言いたいことを代弁していては、言葉を話す地力がつかない。このことも傍らで注意を払うことである。その意味から保育者としては、援助の方法や状況判断、タイミングが難しいのではあるけれども、やはりその点を意識しながら、実際経験を重ねる以外には方法がない。

　次いで、保育者は正しく、わかりやすい言葉、美しい言葉の使い方を心がける。それには、園における先輩の先生方に対して敬語を使い、友達言葉にならないことをも含む。また順序立てて、物事を論理的に説明できる能力も、保育者に求められる。子どもは常に大人の言葉遣いに関心を持ち、それを積極的に取り入れて模倣する。この点を忘れてはならない。また子どもは大人の嫌がる言葉をわざわざ使い、嬉しがったり楽しく感じたりする。表現や言葉への意欲を尊重する以上は、こうした場合、一概に目くじらを立てて、叱責するには及ばないが、子どもの側で、それが悪い言葉遣いであることを意識しているかど

うは重要なことである。

4. 会話の現場観察での留意点

　前節でコミュニケーションを成立させるために、あらかじめ園の先生や大人が持つべき視点が大切だと述べた。そのノウハウは是非とも身に着けたい必須のものであろう。では、いったいどのようにしたら、それは確立できるのか。まずは成長のプロセスを理解しておき、それをイメージ化しておくことである。かつて論者は自著の『童話の世界 ─ 大人と子どもを結ぶもの ─』において、次のように述べておいた。

　　だが、どのような見解を採ろうとも、個々の子どもについてよく観察をし、個々の具体的特性を念頭に置いて、具体的な処方箋を見出していくべきであろう。一人の子ども　には、それに対応した指導法が一つしかないことを肝に銘じることである。したがって、子どもを取り扱う大人は各自、一種不確かな冒険に乗り出すことを意味するし、また必ず成功に導くといった〈虫のいい一般的な方程式〉はあり得ない。ドイツの哲学者兼精神病理学者であったK・ヤスパースが、口を酸っぱくして語る通りである。心理学は人間の行動について意識面と無意識面とを問わず、全部知り尽くしたかのように分析し、結論を下す。だが、それほど確実なことであろうか。そう言い切れるとすれば、もはやそれは傲慢な人間把握に堕すのではあるまいか。生きた個々の人間を相手にする以上、普遍妥当的な悟性による判断は科学的な結論であっても、そしてその限りでは尊重するが、また次の瞬間、すぐさまそれを解消せざるを得ない。科学的分析は、生けるものを死んだように固定的に捉えるからである[5]。

　この捉え方に間違いがないとすれば（確かにそれは人間の真相を言い表しているのだが）、子どもとの係わりに対しても謙虚な姿勢が求められる。そしてこの生き生きと活動する人間を前にして、観察眼を養う以外に方法はない。子ども認識の固定的理論化に全面的な信頼を託すことは、遠慮しなければならない。ひたすら子どもと触れ合いながら観察し、その実態に近づくこと ─ この試みを実践的に繰り返すことが、私たちの取るべき態度となる。

実例を踏まえながら、それがどういう状況下で展開しているのかを改めて考えてみることである。自分ならどうするのか、どういう言葉掛けをしたらよいのかと考えてみる。正解に導けるとは限らない。また正解が一つとも限らない。個々の具体的な人間のことを扱うのだから、何らかの結論を画一的に、普遍的に受け取ることは筋違いである。ただ一つの暫定的な目安を汲み取ることができるに過ぎない。本章を締めくくるに当たって、このことを申し述べておく。

注
1）岡田明編著『新保育内容シリーズ　子どもと言葉』（萌文書林　1996年）12頁。
2）拙著『童話のすすめ―よりよく子どもを理解するために―』（大学教育出版　2010年）65頁。
3）江波諄子『キーウェイディンの回想　こどもからの60のメッセージ』（新風舎　2005年）138〜139頁。
4）ルイス・キャロル『不思議の国のアリス』に出てくる「海亀の思い出話」の節は、まさにこのような珍妙な会話が続く。ただし、アリスは常識的な合理性をもって接しているので、かろうじて〈　〉が基調となって展開する。参照、拙著『童話のすすめ―よりよく子どもを理解するために―』145〜146頁。
5）拙著『童話の世界―大人と子どもを結ぶもの―』（芸林書房　2000年）18〜19頁。

参考文献（順不同）
・阿部明子編著『保育内容　言葉の探求』（相川書房、2005年）
・金村美千子編著『乳幼児の言葉』（同文書院、2005年）
・松山伕子編著『ことばの発達と文化』（不昧堂出版、平成10年）
・村石昭三『保育内容・実践と研修シリーズ　ことばからの育ち―言葉―』（発行所：フレーベル館、1995年）
・横山真貴子『子どもの育ちと〈ことば〉』（保育出版社、2010年）

第8章
日本語の要点

1. 名　詞

　「何がどうである」（主語＋動詞）は文の基本である。主語「何」には、名詞が充当される。名詞とは簡単に言えば、自立語で活用がなく、人や事物の名を表わす言葉である。欧米の言語学では、名詞が先行的に発生したのか、それとも動詞が先であったのかで、かつて起源論争を巻き起こした。そのことを回顧するまでもなく、名詞と動詞の重要度は高いものがある。発生の起源を断定するのはきわめて困難なことである。だが、その解明は別にして、言葉の由来を知ることは、言語表現の大切な要件である。以下で、若干の名詞の成り立ちについて述べてみたい。

　身近な名詞は身体語であろう。万葉集研究で名高い中西進の説明によれば、「め（目）」は「芽が出る」の「芽」であり、「は（歯）」は「葉」と同音である。「はな（鼻）」は「花が咲く」の「花」と同じ音でできている。鼻は顔の真ん中に突出して、呼吸を司る大切な器官であり、同時に生命活動の根源である。また「みみ（耳）」は「木の実がなる」の「実」を2回重ねたものである。耳は左右に二つあるからである。このように発音の面に基づいて、古代の日本人（縄文人）は、身近な植物から連想を働かせ、顔の部位に名称を付けた。

　さらに続けると、鼻の両側にある「ほほ（頬）」は、秀でているという意味の「ほ」から成り立ち、「いなほ（稲穂）」の「ほ」と同じく膨らんでいる。「ひたい（額）」という呼び名は、この部分を真正面に据えて、物や人と向き合うことから生まれた。「ひた」は「真っ直ぐ」を意味する。真っ直ぐな道のことを「ひたみち」と言い、副詞「ひたすら」、形容動詞「ひたむきに」も、ひたいで相手や物事と向き合うことから生まれた。「からだ」と「み（身）」とでは、

一見同じような印象を与えようでも実際は異なる。前者の場合は具体的な肉体を指すのに対して、後者に限っては精神的で象徴的な存在を意味する。「だ」は接尾辞で、「から」は幹を意味する。「からだ」は木の実気が伸びて、枝を張り出すように、放置しておいても成長する。「み」は果実の「実」と発音が同じで、自らの努力なしには成熟できない。「身を持ち崩す」「身から出た錆」「身を入れる」「身を挺する」などと言う。

　生命・寿命のことを、和語では「いのち」と言う。「い」は「生き」や「息吹き」の「い」のことであり、「息」を表わす。「の」は格助詞である。「ち」は「霊」のことで、「勢い」や「威力」を意味する。「ち（霊）」は魂（たま）と結合して、反復の強調語「たまち（魂霊）」となり、それが訛って「タマシイ」となった。従って、「いのち（命）」とは「息の勢い」のことである。私たちの祖先は、不思議な自然の営みを人間に感じ取っていたのだ。

　日本語は通常、数詞を名詞に含める。「あの人は、わたしより歳が3個上だよ」の言い方のように、近年は何でも「個」で代用しようとする傾向が強い。しかし、豊かな日本語表現を継承するためには、たくさんの数詞に気を配りたいものである。子ども向けには、やはりことば遊びを通じて教えたい。間違い探しが面白い。例文：「りんごがふたりある」「子どもが10枚集まった」などと提起し、「はい、これ本当、それとも間違い」と子どもに訊いて、正解に導く。子どもたちは数えるものによって、数詞の種類が異なることを学べる。

2. 助　詞

　欧米語は、名詞とか形容詞とかが、格や数に応じて語形を変えるが、日本語は変わらない。欧米語の場合、動詞も人称や時制、叙述態などによって語形変化を起こす。だが、日本語ではそれ自体で語形変化するということはない。時制や態は動詞の後ろに付く助動詞で表わされることが多く、名詞の格は、いわゆる「テニヲハ」の助詞を付着させて示す。その意味で助詞の働きが大切になってくる。日本語のような言語を膠着語と呼び、欧米語のことを屈折語と呼ぶ。日本語の特色を示す助詞は、付属語であって活用がない。そして自立語

に付いて、これと共に文節をつくる。機能としては、その自立語と、下に続く他の語との関係を示す、また自立語に一定の意味を与える、ということになろう。

以下、例文で補足説明する。例文①「梅の花が咲いた」、例文②「ノートを5冊だけ買った」、例文③「これは、あなたのですか」。例文①では助詞は「の」と「が」である。「の」は「梅」に付いて、後続の名詞「花」との関係を示す。すなわち両者は連体修飾・被修飾の関係になっている。また「が」は「花」に付いて、「咲いた」の主語であることを明示する。例文②の助詞「を」は「ノート」に付いて、「買った」との間で連用修飾・被修飾の関係を示す。また助詞「だけ」は「5冊」に付いて、「買った」ものは1冊でもなければ10冊でもなく、「5冊だけ」であるというように、「買った」の意味を限定する。例文③で見れば、助詞「は」は「これ」に付いて、他のものと区別する。「の」は「…のもの」という意味、あなたが所有している物品を意味する。「か」も助詞であって、「です」に付いて、疑問の意味を添える役目を担っているのである。

助詞は文中で果たす役割に応じて、大きく4つに分かれる。

(1) 格助詞：主として体言や体言に準ずる語に付いて、文節をつくる。「体言に準ずる語」とは、「体言になる資格に近いもの」を指す。例えば「我慢するのが、つらい」「つらいのを我慢する」「これからが大変だ」であれば、それぞれ「我慢するの」「つらいの」「これから」に対して助詞「が」「を」「が」を付けることによって「…こと」「…もの」「…後のこと」を意味させる。水戸の偕楽園を訪れた正岡子規は、「崖急に梅ことごとく斜めなり」という俳句を詠んだ。様態を表わす格助詞「に」の代わりに、原因を表わす格助詞「で」に変更すると、俳句の意味は大きくかけ離れてしまう。そのように助詞の働きは小さくない。

(2) 接続助詞：これは、述語として用いられている用言に付き、あるいは用言・体言に続く助動詞に付いて文節をつくる。そして前後の文に相当する句成分を接続させる語である。その接続の仕方には、順接、逆接、単なる接続の3種類がある。例示すると、例文①「雨が降れば、ハイキングを中止したい」、例文②「雨が降ったので、自宅にこもった」、例文③「どれ

ほど苦しくても、努力しなくてはいけない」、例文③「大声で呼んだけれども、返事がない」、例文④「日は暮れるし、雨は降るし、困ってしまった」、例文⑤「飲んだり、食べたりするだけでは駄目だ」、例⑥「音楽を聴きながら、ドライブをする」、例文⑦「花が咲いている」という具合である。最後の例⑦の助詞「て」は、付属的接続である。

なお、同じく機能的に似ているものに接続詞があるが、接続助詞は付属語であるに対して、接続詞は自立語である。

(3) 副助詞：いろいろの語に付いて、その付いた語と共に、副詞のように下の語にかかって、意味を限定する働きがある。例文として7例ほど挙げておく。例文①「鯉や鮒など、たくさん釣れた」、例文②「何やら、彼女としきりに話をしている」、例文③「煙草ばかりふかす」、例文④「天気さえよければ、万々歳だ」、例文⑤「今度こそがんばるぞ」、例文⑥「あなただけが知っているのでしょう」、例文⑦「今日のおやつは、もうこれきりだ」という具合に表現される。

(4) 終助詞：主として文末に用いられ、疑問・禁止・詠嘆・感動・強意・反語・命令・願望などの意味を添えて、文を成立させる。そこに、話し手の叙述の態度や感情がこめられる。「本当よ」「雨か」「すごいね。本当か。感動したね」「久しぶりだな。君も行くのか――行くとも」「二度とこんなまねはするな」「そんなこと、君にできるものですか」「自分に自信があるからといって、油断はするなよ」「それがさ、大失敗だよ」上の例で、終助詞がどのような意味を添えているか、確認しておくことを望む。

3. 接続詞

簡単に言えば、これは前の文と後続する文とをつなぐ役目を担う。こうした言葉を理解し、自由に使いこなせれば、論旨がしっかりしたり、論理的展開が可能になったりして、相手に明瞭な伝達ができるようになる。

（a）順接（前で述べた事柄が原因や理由となり、それをつないで次の事柄を述べる時、あるいは前に述べた事柄に対して、予想される結果が現れる

時に用いる。）

……そこで、だから、したがって、それゆえ、それで、すると、

（b）逆接（前で述べた事柄と逆のことを述べる時に、用いる。）

……が、しかし、けれども、だけれども、でも、ところが、

（c）並立・添加（事柄と事柄が並んでいる時に、また事柄の後に、別の事柄を付け加える時に用いる。）

……並びに、また、そして、それから、そのうえ、それに、さらに、しかも、および、

（d）時間的継起（事柄を並列させるが、前後の順番を時間的な流れの中で決める。その時に用いる。）

……それから、そして、

（e）対比選択（前の事柄と後の事柄を比べる時に、またそのどちらかを選ぶような時に用いる。）

……あるいは、または、もしくは、ないしは、それとも、

（f）説明補足（前で述べた事柄について説明する時、まとめたりする時に用いる。）

……つまり、なぜなら、例えば、すなわち、ただし、というのは、要するに、

（g）転換（事柄の話題を変える時に、同じ事柄を別の視点から述べる時に用いる。）

……さて、ところで、では、次に、一方、ときに、

このような日本語の理解を通じて、つなぎ言葉による遊びが考えられる。遊び方は接続詞を含む前文を提示して、子どもたちに後の文を作らせる。低年齢層には少し難しいので、年長組を対象とする。それでも、いきなり子どもたちに作らせるのは困難だと思われるので、園の先生の側から、いくつかの手本を示す必要がある。慣れたところで、子どもたちにやらせる。聞きなれた絵本を利用する方法もある。絵本の絵を見せながら、文作りのヒントを提供するのである。

	（前文）		（接続詞）		（後の文）
例①：	「雨が降る」	→	《だから》	→	「遠足はやめる」「傘を差していく」「帰り道を急がない」「お外で遊ばない」などなど。
例②：	「雪が降る」	→	《けれども》	→	「歩いて、出発した」「傘を置いていく」「庭で元気に駆け回った」などなど。
例③：	「直子ちゃんは朝、起きる」	→	《そして》	→	「歯を磨く」「朝の挨拶をする」「顔を洗う」「朝ごはんにパンと野菜を食べる」などなど。

　最初に、前文と接続詞を提示する。その条件設定の下で、子どもたちが自由に想像して文をつなげる。この遊びの狙いは、接続詞の理解のために練習し、子どもたちがそれに習熟できるようにすることである。「食べて遊んで、寝る」という子どもたちの日常の生活は、何ら役立つことをしていないと見なしてきた。無駄な期間、つまり《do nothing》というのが、ヨーロッパ中世以来の基本的な考え方であった。反対に、日本社会では、子ども世界の遊びをそれ自体として認めるのが伝統だった。そして遊びの中に子どもの心身の発達を見たのであった。確かに「遊び」の中に、言語の習得といった貴重な体験が含まれている。それこそ、後の生涯にわたる社会生活に必須な言語運用能力が身につく期間である。言葉遊びに種々の工夫をして、子どもの言語表現を豊かに育てることを意識すべきであろう。

4. 擬態語・擬音語（オノマトペ）

　中国語のような表意文字しかない言語では、擬音語・擬態語は極端に少ない。日本語では、漢字と共に平仮名と片仮名とが併存し、音と文字とが一対一で対応する表音文字の機能があるところから、擬音語・擬態語が容易に生まれてくる。この表現法は大きく2種類に分けられる。すなわち、ひとつは擬音語ないしは擬声語であり、もうひとつは擬態語である。前者は、実際の音や声を写して、言葉にした語のことである。また後者は、視覚や触覚などの感覚を通して得た印象を、言葉で表現した語のことである。それは感覚的な表現なので、描写法において効果的な実感を生み出す。表記は平仮名でよいが、片仮名

で書くと、もっと目立つような表現効果が見込まれる。例えば、マンガでそれが多用されるのは、このためである。

　雨の降り方を表現するのに、「昨晩、雨がザーザーと降ってきた」と言えば、本降りの激しく降る様子を表している。四季折々の変化が著しく、暖流と寒流が周辺海域を流れている日本では、雨の降り方も多種多様で変化に富む。それに対応して、「しとしと」「ぱらぱら」「ぽつり」「ぽとり」「ぽとん」などと、雨音が多様に把握できる。「じとじと」と言えば、梅雨時の雨の降る様子を連想させる。その点、「しとしと」は潤いのある心地よさがあり、湿気も「じとじと」に比べて、不快な感じはない。「ぱらぱら」になると、大粒の雨がいろいろな所で散るように降る様を示す。また「ぽつり」は雨粒などの水滴が一滴、落下してぶつかる音、またはその様子を表わし、他方、「ぽとり」は木の実や花の蕾と同様に、水滴のような小さな球状の物が、落下する音またはその様子を意味する。「ぽとん」という音は、それに加えて、勢いよく跳ね返る感じが込められている。これらはどれも擬音語である。

　また犬の吠える「わんわんわん」や猫の鳴き声を表わす「にゃんにゃん」、鶏の「コケコッコー」は動物の発する擬声語である。わらべ歌「♪俵のねずみが米食って、チュウ　チュウ　チュウ　チュウ」も、ねずみの擬声音が巧みに織り込まれる。赤ん坊の泣き声を「うえーんうえーん」と表現することがある。「ボールが体に当たって、幼児はギャーギャーと大泣きした」。赤ん坊や幼児が激しく泣きわめく場合は、「ギャーギャー」と表現する。これも擬声語である。擬声語は擬音語のうちに含め、一括して把握される場合が多い。相変わらず根強い人気を博している絵本に、ウクライナ民話を題材とする「おおきなかぶ」がある。原語のロシア語では「引っ張りに引っ張りました」とあるところを、訳者の内田莉莎子は、「うんとこしょ　どっこいしょ」と掛け声で表現した。実は、これによってこの絵本の魅力が引き出される。すなわち多人数の聞き手が、この掛け声と共に物語に共同参加して、盛り上がるのである（参照、拙著『童話のすすめ―よりよく子どもを理解するために―』大学教育出版、2010年、70〜73頁）。

　擬態語の説明には、物の動きや人の動作、心情を表現にする時に、効果的に

用いられるという特徴が欠かせない。「春の小川はさらさらいくよ」「ささの葉さらさら　のきばに揺れる　お星さまきらきら　金銀砂子」「百人で食べたいな　富士山の上でおにぎりを　ぱっくん　ぱっくん　ぱっくん」「ぽかぽかお庭で仲よくあそんだ」などと、童謡にも擬態語がよく出てくる。賢治童話「やまなし」でも「三びきはぽかぽか流れて行くやまなしのあとを追った」と、擬態語を使うことでイメージが広がる。文例：「大学合格の知らせを聞くまでは、美紀はピリピリし続けだった」という表現において、「ピリピリ」は擬態語である。それはわずかな刺激にも、激しく敏感に反応しそうに神経が張り詰めている様子を表現する。谷川俊太郎の絵本『もこもこ』は、10個の擬態語と1個の擬音語「ぱちん」、計11個の言葉で構成されている。「もこもこ」とは、どういう現象なのか。「もりもり」であれば、「盛り上がる」の「盛り」と関係がある言葉である。「お蕎麦に目がない男の人は、もりもり食べた」と表現したりする。ところが、「もこもこ」とか「むくむく」とかのように、マ行とカ行を組み合わせると、何かが内側から盛り上がってくる様子を想起させる。この絵本は、感覚的な擬音語・擬態語と、視覚に訴えかける絵の世界とが相まって、優れたものになっている。幼児レベルの言語能力に対して、程よい刺激を与える。聴覚現象と言語現象の間に介在するものだからである。宮沢賢治は、この種の表現を多用することで知られている童話作家である。子どもはまずは、感覚的にとらえることが多く、オノマトペ的な表現に強く反応するからであった。賢治童話は確かに、奇抜な表現を述べ立てることで独特の世界を出現させている。言語獲得の途上にあっては、感覚語はとりわけ重要なものである。子どもたちに対しては、このような感覚に近い表現を大いに促していきたいものである。

5. 敬　語

　敬語表現の発達は、日本語にみられる特徴である。現在ではその種類は、①尊敬語　②謙譲語　③丁寧語　④美化語に分類する傾向が強い。
　①尊敬語 ── これは動作や存在、変化などの主体である相手を敬う表現であ

る。

規則的に「お（ご）～になる」の表現が使われる。「お読みになる」、「お書きになる」、「ご覧になる」など。あるいは助動詞の「れる／られる」で尊敬の意味を出すと、「話される」、「書かれる」などとなる。接頭辞では「ご主人」、「お考え」、「お顔」、接尾辞は「松本さま」、「天皇陛下」などの表現がある。

②謙譲語——これは主として話し手がへりくだって、言う言い方で使われる。

規則的な作り方としては、「お（ご）～する」「お（ご）～申し上げる」「お（ご）～いただく」の形がある。「お訪ねする」「お知らせする」「ご依頼申し上げる」「書かせていただく」「ご推薦いただく」などである。動詞では、「頂戴する」「拝聴する」「存じ上げる」「調べてさしあげる」「お呼びいたします」など。名詞であれば、「弊社」「愚見」「拙宅」「拝読」「わたくし」「手前ども」などがある。

③丁寧語——話し手が表現や話し方を丁寧にして、相手に対して丁寧に待遇する表現。これによって話し手の慎み深い気持ちを表せる。

助動詞は、「です」「ます」で丁寧さを表現する。動詞には「ございます」「申します」「参ります」などがある。

日常会話で注意すべき語

普通語	尊敬語	謙譲語
食べる	召し上がる	いただく
見る	お目にかかる、ご覧になる	拝見する
聞く	お耳に入る、お聞きになる	拝聴する、うかがう
言う	おっしゃる	申し上げる、申す
行く・来る	いらっしゃる、おいでになる	参上する、まいる
寝る	お休みになる	休む
知る	ご存じ	存じ上げる
いる	おられる、いらっしゃる	おる
～をする	～をされる、～をなさる	～いたす
（物を）やる	差し上げる	（相手からもらう）頂戴する・いただく

④美化語 — 従来は「丁寧語」に入れられていた。日常、特に敬意をあらわす必要がなくても、「お」や「ご」を付けて表現する言葉のこと。上品な言い方にして、話し手が自分の品位を高める。

　名詞の「お返事」「お礼」「御祝儀」「お正月」「お酒」「おビール」「お茶碗」「お皿」がこれに属する。

6. 句読法と符号

　日本語における表記の特徴は、漢字かな混じり文にある。例えば、「川が流れる」という表現は、一つのまとまった意味や考えを表す言葉であるから、これを「文」と呼んでいる。さらにこの文を分解して「川が」、「流れる」のように区切ると、最少単位である「文節」が得られる。上の文は2文節から成り立つとする。「川が」の文節は「川」と「が」とに分けられないこともないが、その場合は「が」は発音だけで、意味がなくなる。単語（語）と言えば、この「川」「が」「流れる」のことを指す。

　具体例で確認しておこう。例文：「僕の身長は少しのびた」では、単語が6つ、文節は4つである。文節を簡単に見分ける方法として、よく言われるのは、言葉の間に「ね」「さ」「ですね」を入れるやり方である。「僕のね、身長はね、少しね、のびた」「僕のさ、身長はさ、少しさ、のびた」など。昭和21年頃、横浜市内の小学校で「ネサヨ運動」が展開された。それは会話の語尾に「だからネ」「そうしてサ」「ところでヨ」をなるべく使わないようにしましょう、という運動であった。当時は奇妙な言語習慣が始まったという感覚であった。現在は、そうした言い方はまともな市民権を得たようになり、主に言語表現の乏しい子どもたち、大人すら使っている。いつしかその運動は消えてしまったようだ。この現象は、言葉の変幻自在な特徴を示すものだろうが、今は語尾を長くのばすことが流行っている。少なくとも大人が子供を前にして使うことは禁止である。

　日本語は、漢字とかなの混用によって、文章が視覚的な意味のまとまりとして、つまり文節として明確に判別できる。したがって分かち書きなどの必然性

は、必ずしも感じられない。かな文やローマ字文であれば、何らかの工夫をしなければ、判別を誤ったり理解に手間取ったりすることだろう。このこともあって、具体的な経験に立ち返ってみると、文面の同じ個所に関して、読点を入れる人もいれば、入れない人もいる。どちらが正しいのやら、しばしば判断に戸惑うのだが、句読点の使い方は自由度が高いからである。短歌・和歌の世界では、句読点は一切使わないのが伝統である。伝統は伝統として十分に尊重するべきであろう。だが、実用的な散文については、書き手の裁量に任されているというのでは、あまりにも不都合である。こうした曖昧な傾向に対して、文部省は何らかの共通原則を打ち立てようとした。具体的に言えば、昭和25（1950）年に「くぎり符号の使い方」を提示して、句読点のつけ方を規定した。

　いずれにせよ、私たちは文章を書くに当たって、次のような点に注意していけばよいと考える。

(1) 句読点
①句点（まる）

　「。」は文の終わりに必ず使用する。「　」や（　）内で文が終わる場合でも、句点を用いる。ただし、省略しても構わない。また「……すること（もの、とき、場合）」で終わるなど、項目を列挙する場合にも用いる。題目、標語など、簡単な語句を掲げる場合や事物の名称を列挙する場合にも用いる。

②読点（とうてん）

　長い文では、口頭で喋り続けていくと、生理的に途中で息を休める必要が出てくる。書き表す時にはその個所で読点を付ける。その付け方に確固とした法則性があるわけではないが、おおよその目安を知っておくと安心である。

　文の主題となる語句、表示句のあと・限定句や条件句の場合・対等の語句が一文を構成する場合・呼びかけ、感動詞、間投助詞（終助詞の中で語調を整えたり、意味を強めたりするもの。「さ」「ね」「な」など）を伴う句のあと・接続詞や文の始めにくる副詞のあと・倒置表現の場合・読み誤

りを避ける場合
　③なか点（なかぐろ）
　　名詞を列挙する場合とか年月日、時刻、略語とかに区切りの意味で使用する。

(2) かっこ
　①「　」（かぎかっこ）
　　会話文、引用文、引用語句、とくに読者の注意を喚起したい語句などに用いる。また論文名を記す場合にも用いる。
　②『　』（二重かぎかっこ）
　　かぎかっこの内部で、さらに引用符を必要とする場合、また著書名にも付ける。
　③（　）（丸かっこ）
　　文中の語句に注意させる場合や、脚本、シナリオのト書きに用いる。

(3) 符　号
　昭和25年の文部省規定によれば、疑問符「？」や感嘆符「！」は原則として使用しないことになっている。その一方で、世間では広く使用されているといった事実が存在する。したがって、使用することも許容範囲に入っているが、同じ文章内で使用したり使用しなかったり、というような不統一は避けたほうがよい。それ以外でも、ダッシュ記号「──」（2字分の長さにする）は、挿入句やサブタイトルを表示する時に用いる。点線「……」は語句の省略を示し、やはり2字分の長さにスペースを割く。

　これ以外にも種々あるが、主だったものだけをここで挙げておいた。要は具体的な文例の中で理解しておくべきである。模範的な文章に接して、内容だけでなく、論理の運びや表現の仕方と共に、句読点の付け方のも気を配るようにする。そして実際に作文を試みて、句読点の生かし方を意識的に工夫すること、その練習を繰り返すことである。

7. その他の注意事項

○言葉には、話しことばと書きことばがあることに注意を払おう。
○会合や講演会など公的な場所での発言と私的な場での会話とでは、おのずから異なる。また同じ話しことばを使える場合でも、この点をわきまえて話すことが求められる。
○園の先生は小さな子どもの教育・躾の一環を担っている。子どもへの働きかけとしては、聞いていて見苦しくない表現やきれいな言葉、模範となる言葉で話しかけるように心がけたい。子どもは、どこから仕入れてくるのかわからないが、汚い言葉、罵倒的な言辞、ひねくれた言い方を他の人に吐いたりする。そしてそれを得意がる。言葉の習熟過程でそうした現象に出合うことがよくある。大切な点は、一方でその子どもが、きれいな言葉遣いを知っていて、使っているかどうかということである。したがって、日頃からそういったものを印象づけておくことである。

参考文献（順不同）
・山口仲美編『暮らしのことば　擬音・擬態語辞典』（講談社、2003年）
・中西進『ひらがなでよめばわかる日本語のふしぎ』（小学館、2004年）
・山口仲美／佐藤有紀『「擬音語・擬態語」使い分け帳』（山海堂、2006年）
・山岡敏弘『国語教師が知っておきたい日本語文法』（くろしお出版、2004年）
・後路好章『絵本から擬音語擬態語ぷちぷちぱーん』（アリス館、2005年）
・茂木貞純『日本語と神道　日本語を遡れば神道がわかる』（講談社、2004年）
・ながたみかこ『子どものための文法の本　1．きほんの文法』（汐文社、2007年）
・ながたみかこ『子どものための敬語の本』（汐文社、2005年）
・山口堯二『日本語学入門―しくみと成り立ち』（昭和堂、2006年）
・西田直敏／西田良子『新版日本語の使い方』（創元社、2008年）
・高杉自子ほか編『望ましい経験や活動シリーズ8　話しことば・書きことば』（チャイルド社、昭和53年）

第9章
子どもの日常活動と言葉遊び

　子どもは日常の生活を送る中で、言葉遊びに戯れながら活動する。公園や近所の道端、原っぱなどで自発的に体を動かし、言葉の発話と表現を楽しんでいる。それが言葉の習得という成長過程の一環であることは、既述の通りである。大人の立場から見て、意味のない無駄口さえも、実際のところは子どもの成長に欠かせないものである。その中には、掛け声や歌に似たものが多く含まれている。それは日本語独特の音韻と結びつき、日本語特有の音階の感覚を育てる基盤ともなっている。それも言葉習得の有力な手段に違いない。他の手段としては、保育者の援助による促しという形態が考えられよう。いずれにせよ、機会あるごとに、そうした状態に身を置くことが、子どもを豊かな言葉の育ちに向かわせることになる。以下の実例を通してその現場を覗いてみたい。

1. 子どもの日常の言語活動

　まず、子ども自身の口から突いて出る言葉表現について実例を見ていく。
　（ a ）「1, 2, 3, 4……」などと、数を確認する際に、ひとつひとつ数字を読み上げる。ふつうは「いち、に、さん、し……」と数え、遊び心があれば、ひと昔前の正統な数え方である「ひ、ふ、み、よ……」と数え始める人もいよう。また別には、意味のある文に託して数える方法がある。これはだいたい、子どもが言葉を楽しもうとするためである。また面倒くさい手間を省く意図も見られる。確かにスピーディーに数えられる。

（10まで一気に数える場合に用いる）
- 「ダルマさんが　ころんだ」
- 「おかあさんが　おこった」
- 「ぼうさんが　屁をこいだ」
- 「インデアンのふんどし」

(同じく面白半分に、数え歌で数を確認する)
- 「いちちょこ　にぐるま　さんまの　しっぷり　ごりごり　むしゃむしゃ　泣き虫ばあちゃん　苦しいとーちゃん」
- 「いちじく　人参　山椒に　椎茸　牛蒡(ごぼう)にむかご　七草　八朔　胡瓜にとうがん」
- 「いも　にんじん　さんしょ　しいたけ　ごぼう　どんぐり　ななくさ　はまぐり　くわい　じゅうばこ」

(おはじきなどを五つ数える時に唱える)
- 「ちゅうちゅう　たこかいな」(=「ち…ち…たこ…か…」)

(ｂ) 遊びの中での言葉 (イ) 遊びを始めるに当たっての合図 (ロ) 遊びの途中での言葉表現 (ハ) 遊びから抜け出る合図については、それぞれ次のようなものがある。

(イ)
- 「……する者、この指、とーまれ。　指切った」
- 「……する者、寄っといで」
- 「入れて　まぜて　かてて加えて　しめきりよ」、
- 「入れて　まぜて　早くしないと　電球球　切れるよ」

(ロ)
- (隠れん坊の遊びで)「もういいかい、　まーだだよ」「もういいよ」
- (お正月の羽根つき遊びで)
  「ひとめ　ふため　みあかし(御灯)　よごめ(嫁御　いつやの　むさし(武蔵)　ななやの　やくし(薬師)　ここのや　とう(十)や」
  「一(ひい)と二(ふう)　三(みぃ)と四(よぉ)　五(いつ)や六(むぅ)　七八(ななや)　九十(こーことお)」
- (伝承わらべ唄「一匁の一助さん」を歌いながら、まりつき遊びをする)

「一もんめのいすけさん　一字がきらいで　一万一千一百石（いちまんいっせんいっぴゃくごく）　一斗（いっとう）　一斗一斗まめ　お蔵（くら）に収（おめめて　二もんめに渡（わた）した」
＊「二匁に渡した」のところでは、体の後ろで手まりを受け止める動作になる。

・（にらめっこ遊びで）「だるまさん　だるまさん　にらめっこしましょ　笑うと負けよ　あっぷっぷ」
・（ホタル狩りで）「ホーホー　ホタル来い　あっちの水は苦いぞ　こっちの水は甘いぞ。　ホーホーホタル来い」
・（縄跳び遊びで歌う「郵便屋さん」）
「郵便屋さん　お入りなさい（おー入り）　こんにちは　ジャンケンポン（あいこでしょ）　負けたお方は出てちょうだい　おじょうさん　お入りなさい（おー入り）　こんにちは　ジャンケンポン（あいこでしょ）　負けたお方は　出てちょうだい」
＊子どもたち、一列に並ぶ。「郵便屋さん　お入りなさい」で先頭の子が、回している縄の内に入り、くるりと半回転して、こちらに向く。次の子が「こんにちは」と跳び込み、先の子と一緒に縄を跳びながら、ジャンケンをする。負けた子は「出てちょうだい」で、縄の外にすっと出て、列の一番後ろにつく。途中で縄に引っかかったら、縄を回す「お持ち役」になる。

・（絵を描きながら、歌もそれに併せて歌う。でき上がった絵はそれぞれ、「タコ」と「コックさん」の姿になっている）
「おまんじゅうが　3つあったとさ　ミミズが3匹　寄ってきて　雨がザーザー　降ってきて　あられがポツポツ　降ってきて　あっという間にタコ入道」
「棒が一本あったとさ　葉っぱかな　葉っぱじゃないよ　カエルだよ」→「カエルじゃないよ　アヒルだよ　6月6日に雨がザーザー降ってきて」→「三角定規にヒビいって」→「コッペパンふたつ　豆みっつ」→「あっ

という間に　かわいいコックさん」

(ハ)
- 「一やめ　二やめ　三まぬけ」・「一抜け　二抜け　三抜けた」
- 「個人　ターイーム」—（相手の反応）「鬼やめ　100円払っていかなきゃやめさーせない」

　（帰途につく時）
- 「さっよなら三角、また来て四角、四角は豆腐、豆腐は白い、白いはウサギ　ウサギは跳ねる　跳ねるはカエル　カエルは青い　青いは柳　柳は揺れる　揺れるは幽霊（お化け）、幽霊（お化け）は消える　消えるは電気　電気は光る　光るはおやじの禿げ頭」
- 「さようなら！」—「また明日なー」—「きっとだよー」
- 「かえる（からす）が鳴くから　帰ろう」

（c）はやし言葉

　（泣いている子どもに向かって）
- 「泣き虫　毛虫　はさんで捨てろ」
- 「泣き虫　小虫　泣いたら　豚によく似てる　お前のかーさん　出べそ」

＊「お前のかーさん、出べそ」は、あまりいい言葉ではない。その言葉のリズムや言い回しを、歌のように楽しむ分には、見守ればよい。けれども、その言葉は人を傷つけてしまう意味が含まれているので、どこかの時点で自分が言われた時の気持ちを考えさせ、相手に向かっては言わないように指導する。それなら、最初から言葉を禁止すればよいと考えるかもしれないが、言語表現の自由闊達さを一概に無視できない。この両側面をどのように理解すべきかは、難しい問題である。

（d）おまじないの言葉、呪文
　（寒い日に腕を組んで、円の中心に向かって、体を押し合いへし合い。体を温める。子どもたちのスキンシップ）

・「おしくらまんじゅう　押されて泣くな　押されて泣くな　あんまり押すとあんこが出るぞ　あんこが出たら摘まんでなめる」

（痛い時にそれを和らげるように）
・「痛いの　痛いの　飛んでゆけー」
・「チチンプイプイ　とっととのめ　肘ぽんぽんで　痛いの痛いの　なくなった」

（願い事を唱える時に）
・「○○ができますよーに、チチンプイプイ」

（この歌を歌いながら、下駄やサンダルなどの履物を片方飛ばす）
・「♪あした天気になあれ」
＊地面に落ちた時に、下駄がオモテだったら、晴れになる。もし横に立つようなことがあれば、明日の天候は曇りないしは雪ということになる。履物がひっくり返れば、雨だという具合に占う。

（上の歯が抜けた時に、それを屋根高く放り投げる。下の歯が抜けた時は、縁の下に投げ入れる）
・「雀の歯と換えとくれ、屋根やね見ておくれ」
・「ネズミの歯よりも早く生えろ」
＊上の歯が抜けた時に、前者のように唱えながら、それを屋根高く放り投げる。また下の歯が抜けた時には、後者のように唱えながら、縁の下に投げ入れる。

（e）悪口や連想などの表現
・「電車に轢かれて　ぺっしゃんこ」→「ぺっしゃんこは煎餅　煎餅は甘い　甘いは砂糖　砂糖は白い」→「白いは雪　雪は消える　消えるはお化け　お化けはこわい　わあ〜」（逃げる）
・「驚き　桃の木　山椒の木　ブリキに　たぬきに　扇風機」

（伝承の言葉「いろはに金平糖」で始めて、次々と言葉をつなげていく）

・「いろはに金平糖」→「金平糖は甘い」→「甘いは砂糖」→「砂糖は白い」→「白いはウサギ」→「ウサギは跳ねる」→「跳ねるは蛙」→「蛙は緑」→「緑は蛇」→「蛇はこわい」→「こわいはお化け」→「お化けは消える」→「消えるは電気」→「電気は光る」→「光るはおやじの禿げ頭」

（f）嘘への戒め

（何かを約束したら、「指切り」して指切った）
・「指切りげんまん　うそついたら　針千本　のーます」
・「うっそん　ぶりぶり　ハンバーグ」
・「うそっこ　豚によく似ている、言ってるお前も　大出べそ」

（g）駄じゃれないしは語呂合わせ

・「すべって　ころんで　大分県」・「ぼくは勉強　秋田県」・「がってん承知の助」・「富士山があっても　山梨県」・「その手は桑名の焼きはまぐり」
・「アルミ缶の上にある蜜柑」・「僕さあ、ボクサー」・「一点の差って何言ってんのさ！」・「ニューヨークで入浴」・「太陽に会いたいよう」・「寝込んだ猫」
・「電話に出んわ」・「トイレに行っといれ」・「ラクダの背中は楽だ」
・「狼さんがトイレに入って、おお！紙がない」・「布団がフットンだ」・「猫がロンドンで寝ころんどん」・「あなたの顔、何回も見たい」（＝「あなたの顔、なんか芋みたい」）・「そば屋はどこだ　すぐそばだ」・「恐れ入谷の　鬼子母神」・「泣くよ、平城京から平安京に遷都」（794年の遷都）

＊言葉の一部に、同音異義語あるいは似通った音があれば、それに引っ掛けて表現する、それが駄じゃれである。語呂合わせは、発音の共通性や類似性を利用した遊びで、文句全体を別の言葉に置き換えたものである。

（h）逆さ言葉（回文）

・「こねこ」 ・「やどや」 ・「崖で怪我」（＝がけでけが） ・「鶏と歌う鳥とワニ」（＝にわとりとうたうとりとわに） ・「竹屋が焼けた」（＝たけやがやけた）

・「いかにも苦い」（＝いかにもにがい） ・「(この薬は) よく効くよ」（＝よくきくよ）

・「(海の中に) 鯛がいた」（＝たいがいた） ・「(水族館には) 烏賊と貝（がいた)」（＝いかとかい）

＊この表現は、上下どちらから読んでも同じ文になる。5歳児の言葉遊びに適する。

(i) 面白い表現

・「あ〜がり目 さ〜がり眼 ぐるっとまわって ね〜この目」

・(軽く頭を叩いて)「おつむ てんてん」

・(物を選ぶ場合、差し指を動かしながら)
「どれにしようかな、神さまの言うとおり、これだ」

(j) 早口言葉

・「青巻紙 赤巻紙 黄巻紙」 ・「隣の客は よく柿くう客だ」 ・「生麦生米生卵」

・「よく噛む亀は 紙噛む」 ・「東京特許許可局」 ・「お客描（か）くより柿描く絵描き」 ・「刺身とささみに 笹の葉 さした」 ・「お綾（あや）や親（おや）にお謝（あやま）りなさい」

・「池の端に カエル ぴょこぴょこ 三（み）ぴょこぴょこ 合わせてぴょこぴょこ六（む）ぴょこぴょこ」

・「この竹垣に なぜ竹立てかけた 竹立てかけたかったから 竹立てかけた」

・「やしの実を狒々（ひひ）が食（く）い 菱（ひし）の実を獅子が食う」

・「わしの山に鷲がいて わしが鉄砲で撃ったら 鷲がびっくりわしもびっくり」

第9章　子どもの日常活動と言葉遊び　147

・「坊主が屏風（びょうぶ）に上手な坊主の絵を描（か）いた」
・「椰子（ヤシ）の実を狒々（ひひ）が食（く）い　菱（ひし）の実を獅子（しし）が食う」

（k）替え歌

本書92頁に掲載した「海」は、詩情も豊かで優れた童謡である。だが子供にとって歌詞が難解な内容であるが故に、自然と替え歌が登場してくる。

・「松原とうちゃん、消ゆるかあちゃん、とうちゃんとかあちゃんがケンカ〜して、とうちゃんの得意はハンマー投げ、母ちゃんの得意は空手チョップ、見よこのケンカ、見よこのケンカ[1)]」
＊当時は昭和30年代である。高度成長期に差し掛かり、街頭テレビを通じての中継が、日本中でプロレス人気を煽り立てていた。もちろん、プロレスごっこは、子ども仲間でも大流行だった。

（l）手合せ遊び

　（いろいろな歌に合わせて、相手と手合せする遊び）
　「せっせっせーのよいよいよい　夏も近づく　八十八夜（トントン）　野にも山にも　若葉がしげる（トントン）　あれに見えるは　茶摘みじゃないか（トントン）　あかねだすきに　すげの笠（トントン）」
＊上の「茶摘み」は本書92頁に掲載した小学唱歌である。最初に「せっせっせーのよいよいよい」（「せっせっせーのぱらりこせ」とも言う。）と声合わせしてから、歌い始める。まず自分の両手を打ち、歌に合わせて相手の同じ手を合わせ、「トントン」のところで両手を打ち、相手の反対の手（向かい合わせになる手）と合わせる。

（m）ジャンケン遊び

　言葉を音節に振り替える。つまり「グー」はグリコ、「チョキ」はチョコレートで「パー」はパイナップルと決めておく。ジャンケンで勝った場合、「グー」

で勝てば、グリコと歩数を3歩前進させ、「チョキ」で勝つなら、4歩進み、「パー」では5歩進んでいく。あらかじめ決めていた到着点に早く着いた者が勝ちとなる。

　以上は、ほんのわずかな例示に過ぎないが、日々の子どもたちは、日常の言葉や表現に音程やリズムを加えながら、言葉を楽しんでいる。遊びの雰囲気に包まれて、言葉に馴染んでいく経験は、子どもたちの言語能力を大いに高めることになる。あたかも沙漠に降ってくる慈雨のように、言葉は子どもたちの心に沁み込み、急速に吸収されていく。

2. 保育者の主導による言葉遊び

　子どもの本格的な遊びや伝承遊びの中には、多少高度な言語表現を含んでいる場合がある。また遊びのルールを理解するために、保育者ないしは大人の仲立ちを必要とすることがある。そのような言葉遊びを次に取り上げてみよう。子どもの持続力などを考慮して、同じ言葉遊びを長時間にわたって繰り返さない方がよい。そこで保育者としては、数多くの多彩な言葉遊びを知っていなくてはならない。

（a）わらべ唄「通りゃんせ」を使った伝承あそび
　「通りゃんせ通りゃんせ　ここはどこの細道じゃ　天神様の細道じゃ　ちょっと通して　くだしゃんせ　御用のないもの、通しゃせぬ　この子の七つのお祝いに　お札を納めに参ります　行きはよいよい　帰りはこわい　こわいながらも　通りゃんせ通りゃんせ」
＊門番を二人決めて、両手でアーチを作る。他の子どもたちは、歌いながらアーチの下を潜っていく。「こわいながらも　通りゃんせ　通りゃんせ」の箇所にきたところで、アーチを下げて、アーチ下にきた子どもを捕らえる。捕らえられた子どもは、門番に交代する。

第 9 章　子どもの日常活動と言葉遊び　149

（b）「花いちもんめ」の遊び
　この言葉遊びは、本書第 3 章 54 頁で取り上げたところである。その歌詞には、種々のヴァリエーションがある。地域によれば、「ふとん　びりびり　いかれない」→「それはよかよか　どの子が欲しい」→「あの子が欲しい」となることもある。

（c）尻取り遊び
①基本的な遊び方
　まず、参加者全員の順番を決める。最初の人は思いつくままに単語（名詞）を一つ取り上げる。次の人がその言葉の最後の音節を取り出し、その音節から始まる単語を言う。
　　例①：「あずき」→「きなこ」→「ココア」→「アイス」→「スイカ」→「かき氷」……
　　例②：「ぶどう」→「うさぎ」→「ぎんが（銀河）」→「がいこく（外国）」→「くすり」→「りす」→「すいせん（推薦）」
　この例②のように、「ん」で終わる単語を選ぶと、負けになる。基本としては、このように続けていく遊びであるが、さらにいろいろな条件を付けることもできる。例えば、選ぶ名詞は果物と野菜に限るとか、反対にその範囲を広げて動植物と鉱物名を加えてよいとか、とするのも面白いだろう。また語尾が濁音で終わっている場合、「いちご」→「ココナッツ」のように、次の単語は濁音を除いて清音にしてよい。あるいはまた一度使った単語は、2 度使ってはいけないというルールを設けられる。例示すれば、「くも」→「もずく」→「くも」といった場合である。

②尻取りカード
　五十音のカードを作って、それを利用しながら、①の尻取り遊びをする。さらに万能カード（どのカードにも代用できるジョーカーのようなもの）を何枚か用意して、いつでも使えるようにする。

③記憶尻取り

遊びのルールは①と同じである。異なる点は、最初の人が「りんご」と言えば、2番目の人は「りんご→ごま」と言い、3番目の人は「リンゴ→ごま→まくら」と言う。つまり、それまで他の人が言った言葉を繰り返しながら、自分の答えも加える。だんだん言葉が増えてくるにつれて、途中で言い間違ったり言い忘れたりする。そのときは、その人の負けになる。

④二字取り

①の尻取り遊びは1文字をつなげていくやり方だったが、最後の文字を2文字引き取って、つないでいく。

例：「らくだ」→「くだもの（果物）」→「ものとり」→「とりにく（鶏肉）」

⑤中取り

①の尻取り遊びと同じ要領で行う言葉遊びである。ただ、つなぐべき単語は、言葉のちょうど真ん中の文字から考えていく。それで、奇数（3、5、7、9、11など）の文字からできている言葉を探すことになる。

例①：「あかい」→「からす」→「らくだ」→「くるま」

例②：「みかん」→「かもめ」→「もみじ」→「みさき」→「さしみ」→「しわす（師走）」→「ワイン」→「いるす（居留守）」

＊この場合、言葉の最後に「ん」が付いても、問題にならない。他方で「トンボ」や「おとーさん」のように、真ん中の文字が「ん」文字やのばす長音になれば、ダメとなる。

（d）伝言ゲーム

子どもたちを一列に並べて、先頭の子どもに内容（単語でもよい）を伝え、一番後ろの子どもにまで正確に伝える遊び。慣れてきたら、伝言内容はより複雑な文にしていくのも、一つの手である。楽しみ、喜びが倍増する。

（e）連想ゲーム

①スリー・ヒント・ゲーム。3つのヒントを出して、連想するものを言い当ててもらう遊び。

　　例①：「丸い」「夏」「中身が赤い」→ スイカ

　　例②：「耳が長い」「跳ねる」「動物」→ うさぎ

　　例③：「トナカイ」「赤い服」「白いひげ」→ サンタクロース

②同音異義語を考える

　　例：暑さと厚さ、木と気、目と芽、蛸と凧、赤と垢、飴と雨

③反対語遊び

　　例：大 - 小、上 - 下、明るい - 暗い、長い - 短い、高い - 低い、きれいさ - 汚さ、硬さ - 柔らかさ

　＊語には、意味と音の二面性があることに気づく。子どもは反対語に興味を覚えることがある。

（f）仲間集め

ある質問を出して、それに適合する言葉を順番に答えていく。言えなくなった人が負けである。

　　例①：「最初に〈い〉で始まる言葉はなあーんだ！」

　　　―「イチョウの木」「石段」「イカ」「いちじく」「イタリア」……

　　例②：「黄色いものはなあーんだ！」

　　　―「バナナ」「レモン」「黄色の信号」「秋の黄葉」「イチョウの葉」

　　例③：「〈えき（駅）〉は2音節であるが、これと同じ音節数で、同尾音を持つ言葉はなーんだ！」―「かき」「くき」「つき」「あき」「とき」

　＊子どもの想像力と柔軟な思考を養うと同時に、新たな言葉に触れて、語彙の数が増えていく。

（g）YES／NOゲーム

問題を出す人は、あらかじめ心の中で答えを決めておく。答えを当てる側は、いろいろと質問をしていき、わかった時点でその答えを出す。その間、質

問にはYESかNOでしか答えてはいけない。

例：(A) 問題を提出する人　(B) 質問して、解答する人

(A)「はい、考えたよ」→ (B)「それは食べ物ですか」→ (A)「NO」→ (B)「それは動物ですか」→ (A)「YES」→ (B)「四本足の動物ですか」→ (A)「YES」→ (B)「首が長いですか」→ (A)「NO」→ (B)「それでは、長い鼻をしていますか」→ (A)「YES」→ (B)「耳も大きですか」→ (A)「YES」→ (B)「わかった、象さんでしょう」→ (A)「当たり」

(h) なぞなぞ遊び

具体例を列挙する。

①豚が寝る場所は、どーこだ？

②食べた後、口の中を掃除するホウキって、なーんだ？

③クラゲにはないけど、傘と人間にあるものは、なーんだ？

④オオカミに食べられて、体がずきんずきんしているの、だーれだい？

⑤生きていても、死んでいると言われるお姫さま、だーれだ？

⑥最初は4本足で歩き、次に2本足になって、最後は3本足になるのは、なーんだ？

⑦お豆さんとお豆さんが糸を引きながら、綱引きする食べ物、なーんだい？

⑧お寿司の上にのっているもので、値段をききたくなるものって、なーんだ？

⑨眠っていても、見えるもの、なーに？

⑩バターが棚（たな）にのっているお祭りって、なーんだ？

⑪空で泳ぐおさかな、なーんだ？

⑫冬、お星さまやお飾りをいっぱいつけて、立っている木はなーんだ？

⑬逆さにすると軽い、海の生き物、なーんだ？

⑭「ん」の字が2つもついている、赤い野菜は、なーに？

⑮おにはおにでも、食べられるおいしいおには、なーに？

①トンネル　②歯ブラシ　③骨　④赤ずきん　⑤白雪姫　⑥人

間　⑦納豆　⑧いくら　⑨夢　⑩たなばた　⑪鯉のぼり　⑫クリスマス・ツリー　⑬いるか　⑭にんじん　⑮おにぎり

（i）カルタ遊び

　お正月に子どもたちが楽しく遊ぶものに、「いろはカルタ」がある。それは言葉の習得や標語の理解に役立つ。伝承の「いろはカルタ」は、文章の一つひとつに生活の知恵がこめられている。幼いうちから日本語に馴染むために、またその文章をそらんじられるように、実際にカルタ遊びを試すことを勧めたい。

　それは「いろは歌」と言い、10世紀頃に成立した手習帳である。同じ仮名を重複せずに作られているので、古くから字母表として用いられてきた。現在は五十音（あいうえお）順の方が普及している。

　「色は匂へど散りぬるを我が世誰ぞ常ならむ有為の奥山今日越えて浅き夢見じ酔ひもせず」（いろはにほへとちりぬるをわかよたれそつねならむうゐのおくやまけふこえてあさきゆめみしゑひもせす）

　その他に、文章が和歌で綴られているので、少しとっつきにくいかもしれないが、「百人一首」というカルタも日本にはある。日本語の語感やリズム、口調のよい五・七・五の音数、また表現の仕方など、有形無形の好ましい影響が子どもに及ぶことに注目したい。楽しみながら遊べるので、何回もゲームを繰り返すうちに、歌を丸暗記できる。

　さらにまた、自作カルタを作ってみることも、意義深いことである。いろは順に作っても、あいうえお順に作ってもよい。以下、見本を列挙する。

　①「い」…「犬は喜び、庭かけまわり、猫はこたつで丸くなる」
　②「う」…「海は広いな、大きいな」「うさぎがぴょんぴょん跳ねている」
　③「お」…「おべんとう、おべんとう、嬉しいな」
　④「か」…「帰り道、急いでいても、飛び出すな」
　⑤「き」…「きょうは、ぽかぽかいい天気」
　⑥「た」…「立ち話、するなら離すな、子どもの手」
　⑧「ち」…「ちょうちょう、ちょうちょう、菜の花にとまれ」

⑨「つ」…「月にうさぎで、十五夜お月さん」
⑩「て」…「てんとう虫の羽は、点々がついているよ」
⑪「ま」…「まっかなお鼻のトナカイさん」
⑫「み」…「みんな一緒に、元気よく」
⑬「り」…「りんりんりーん、電話が鳴っている、だれかしら」
⑭「よ」…「夜はきらきらお月さま。ロバさん、気持ちよくねんねする」

＊年長組の子どもたちなら、小学校に上がるまでには平仮名と片仮名ぐらいは知っておくことが望ましい。そうでないと、学校の授業につまずくことになる。カルタ遊びを通じて、文字が分かる楽しさと喜びが、子どもの心にもたらされる。絵カードの1文字が分かるようにするためにも、この言葉遊びは貴重である。

注
1）河内紀／小島美子『日本童謡集』（音楽之友社、1995年）123頁。

参考文献（順不同）
・赤座憲久／原昌『保育叢書25　児童文化』（福村出版社、1982年）
・石田真理『保育に使える　なぞなぞ』（世界文化社、2010年）
・岩城敏之『絵本・お話・わらべ歌』（アスラン書房、2011年）
・加古明子ほか『ことばが生まれ　ことばが育つ―「ことば」指導実践のために―』（宣協社、平成12年）
・グループこんぺいと編著『今すぐできる　0〜5歳児の言葉あそび　BEST40』（黎明書房、2007年）
・川原井泰江『なつかしのわらべ歌』（いそっぷ社、2005年）
・こどもくらぶ編『大人と子どものあそびの新教科書　世界のジャンケン』（今人舎、2002年）
・高杉自子ほか編『望ましい経験や活動シリーズ　第8巻話ことば、書きことば』（チャイルド社、昭和53年）
・松井公男『幼児の「言葉遊び」〜子どもの知能を伸ばす』（明治図書出版、1994年）
・森下恵子ほか『たのしいお手玉』（淡水社、平成17年）
・よしまゆかり『なぞなぞあそび』（アスラン書房、2003年）

あとがき

　一口に「子ども」と言っても、成人の入り口である青年期に至るまでの年齢、つまり0歳から19歳までの期間を指す。生涯80年の現代人の一生を考えれば、それは必ずしも長い期間だとは言えない。だが、成長のスピードには目を見張るものがある。それだけに子どもの期間も乳児から幼児、児童、少年少女、若者、また青年男女へと、各段階の名称が小刻みに付けられている。この世に生を享けた子どもに関して、かつて別の拙著で考察を加えて、次のような考えに到達した。つまりそれは「乳幼児の一人ひとりが発達段階を物凄いスピードで駆け登っており、人類が気の遠くなるような時間をかけて吸収した道程を、一気に成し遂げているのだということを自覚しておいてよかろう」（拙著『童話のすすめ　よりよく子どもを理解するために』62頁）という実感である。同じ個所で筆者は、人類の進歩とのアナロジーを意識しながら、その濃密な発達の期間を強調しておいた。大局的に見て、状況は人類の進化も児童の成長も酷似している。子どもたちはとても大変な思いと苦労を重ねながら、大人になろうといろいろな面を成長させている。

　だれもが成長の儀礼段階を潜り抜けてくる。だが、子どもは誕生してから、ただ何となく日々を過ごしていれば、成長していくといったものではない。往々にしてそのように誤解しがちである。言葉の獲得に関してもそうである。印象として子どもは、いつの間にか言葉を喋るようになっている。だから、子どもたちは捨て置いていても、勝手に言葉を獲得していくように考えるのである。だが、実際は断じてそうではない。まず言葉の育ちには、その環境を抜きにしてはあり得ない。母親の言葉かけのように言葉を育てようとする積極的な環境が現に必要とされる。例えば、インドのオオカミ少女・カミラは、そのような環境が持てないまま、オオカミの仲間に育てられたので、人間の言葉を獲得できなかった。少女を保護した段階から、人間の言葉を教え込もうとしたけれども、最期までできなかったという。教育的強制あるいは環境の劇的変化の

せいか、あるいはストレスを招いたものか、オオカミの吠え声を除いて、人間の言葉を一言も喋ることなく、数年で寿命が尽きた。この事例は、言語習得の環境が、幼い子どもにとって不可欠なものであることを示唆している。近年、この興味深い話は、人為的にでっち上げた情報だとの見解が有力となっているが、いずれにせよ、人間の子どもにあっては、言語適応年齢の上限が9歳だというのは、科学的に裏づけがなされている。9歳までに言語的刺激を与えなければ、脳内の言語中枢が委縮・硬直し、以後の柔軟な反応と言語発達は見込めないのである。子どもには幼い頃から、言葉のシャワーを浴びせる努力が求められる。

　乳幼児や児童は、生活時間の大部分を家庭で過ごす。両親や兄弟姉妹を中心とした家族は、子どもの言葉を受け止める相手となり、また面倒見よく言葉をかけてくれる親近者でもある。保育所や幼稚園に通っていれば、言葉の環境をさらに幅広く整えてくれる。しかしながら、現代社会の別の面に目を転じてみれば、少子化や核家族化が目立ち、近所からは遊び仲間さえ姿を消してしまったようである。昔は、近所の子どもたちが集団で子どもの世界を作り、日が暮れるまで存分に遊びに耽った。そうした交わりの中で集団に慣れ親しみ、コミュニケーション能力を養い、言語表現の礎を築けた。そのようにして自然に健全な成長を遂げていった。ところが、今では残念なことに、巷では育ちいく子どもたちの共同体が乏しくなった。その分だけ、保育所や幼稚園の果たすべき役割は大きくなった。子どもの言語表現を豊かにし、コミュニケーション能力を高め、童謡を一緒に歌い、時に身体活動を伴う言葉遊びを促す。園の先生方の貢献度は、ますますその比重が大きくなっていると言えそうである。

　本書では微力ながらも、児童文化ないしは児童文化財における日本語の表現を紹介した。これを参考にして、保育士と幼稚園の先生はもちろん、大人たちが子どもたちの全般的な言語表現能力を高めていってもらえば、嬉しさ、これに過ぎることはない。

　なお、11頁と19頁、34頁のイラストは、保育の現場で活躍されている安藤岐留さんにお願いし、同じく伊藤彩子さんには113頁および154頁のイラストをお願いした。また第3章に掲載した挿絵や題字、楽譜などは、『手遊び

歌ノート』から抜粋した。このノートは岡部先生の授業で、手作りにより作成されたものである。作成者は、平成23年当時の受講学生であり、以下にその氏名を列挙しておきたい。すなわち、小暮安由美と山越里加、小園江彩、山中梨菜、渡部杏里、富岡由貴、千ヶ崎香里、井上麻耶、浅井優香、和田祥子の面々である。現在は実社会で活躍されている各氏に対して感謝の意を表する次第である。

　最後に本書を刊行するに当たって、大学教育出版の社主・佐藤守氏をはじめ、編集の皆様にご尽力を頂きました。この場を借りて感謝申し上げます。

2014年8月12日

三宅　光一

執筆担当者一覧 (章立て順)

大内　晶子（おおうち・あきこ）
　筑波大学大学院博士課程人間総合科学研究科心理学専攻修了、博士（心理学）
　現在：常磐短期大学助教
　（第1章担当）

三宅　光一（みやけ・みつかず）（編著）
　筑波大学大学院博士課程文芸言語研究科単位取得退学
　元筑波大学外国語センター非常勤講師、元茨城大学人文学部非常勤講師、前常磐短期大学教授
　現在：常磐短期大学非常勤講師、つくば国際大学非常勤講師
　（第2章・第5章・第6章・第7章・第8章・第9章担当）

岡部　玲子（おかべ・れいこ）
　お茶の水女子大学大学院博士課程人間文化研究科（ピアノ演奏学）修了、博士（学術）
　現在：常磐大学人間科学部教授、お茶の水女子大学文教育学部非常勤講師
　（第3章担当）

鈴木　範之（すずき・のりゆき）
　東京学芸大学大学院連合学校教育学研究科（博士課程）芸術系教育講座単位取得退学
　現在：常磐短期大学助教
　（第4章担当）

■編著者紹介

三宅　光一（みやけ・みつかず）
筑波大学大学院博士課程文芸言語研究科単位取得退学
元筑波大学外国語センター非常勤講師、元茨城大学人文学部非常勤講師、前常磐短期大学教授
現在：常磐短期大学非常勤講師、つくば国際大学非常勤講師

児童文化の中に見られる言語表現

2014 年 10 月 20 日　初版第 1 刷発行

■編 著 者——三宅光一
■発 行 者——佐藤　守
■発 行 所——株式会社 大学教育出版
　　　　　　〒 700-0953　岡山市南区西市 855-4
　　　　　　電話 (086)244-1268 代　FAX (086)246-0294
■印刷製本——モリモト印刷㈱
■Ｄ Ｔ Ｐ——北村雅子

© Mitsukazu Miyake 2014, Printed in Japan
検印省略　落丁・乱丁本はお取り替えいたします。
本書のコピー・スキャン・デジタル化等の無断複製は著作権法上での例外を除き禁じられています。本書を代行業者等の第三者に依頼してスキャンやデジタル化することは、たとえ個人や家庭内での利用でも著作権法違反です。

ISBN978-4-86429-314-3